TANYI KOVÁSZOS SZAKÁCSKÖNYV

Fedezze fel a tökéletesen ropogós és ízletes kovászos kenyér elkészítésének művészetét otthon a lépésről lépésre szóló utasítások és 100 finom recept segítségével

Hanga Gál

Copyright Anyag ©2023

Minden jog fenntartva

A kiadó és a szerzői jog tulajdonosának megfelelő írásos beleegyezése nélkül ez a könyv semmilyen módon, formában vagy formában nem használható vagy terjeszthető, kivéve az ismertetőben használt rövid idézeteket. Ez a könyv nem helyettesítheti az orvosi, jogi vagy egyéb szakmai tanácsokat.

TARTALOMJEGYZÉK

TARTALOMJEGYZÉK 3
BEVEZETÉS 6
KLASSZIKUS kovászos KENYÉREK 7
   1. Karamellizált hagymás kenyér 8
   2. Sajtos Jalapeño kenyér 11
   3. Áfonya pekándiós kenyér 14
   4. Fifty/Fifty fehér és búzakenyér 16
   5. Gruyère sajtos kenyér 18
   6. Olasz gyógyfüves kenyér 20
   7. Máté búzadara 23
   8. Zabpehely kenyér 25
   9. Sült fokhagymás kenyér 27
   10. Rozmaringos kenyér 29
   11. Puha szendvicskenyér 31
   12. Elhasznált gabonás kenyér 34
   13. Aszalt paradicsomos és bazsalikomos kenyér 36
   14. Napraforgómagos kenyér 38
   15. Diós kenyér 40
   16. Teljes kiőrlésű kenyér 42
   17. Zabkovász 44
   18. Italiano 46
   19. Rozmaringos kenyér 48
   20. Sajtos és szezámmagos kenyér 50
   21. Kovászos kenyér zöld teával 52
   22. Angol búzakovászos kenyér 54
   23. Sárgarépa kenyér 56
   24. Zabkenyér 58
   25. Lencsekenyér 60
   26. Édes Karlsbad kenyér 62
   27. Gugelhupf 64
   28. Briós 66
   29. Búza zsemle 68
KEKSEK, ZSÜMÉKEK, ZSEMÉKEK, TEkercsek és egyebek.. 70
   30. Szalonnás és sajtos keksz 71
   31. Bagels 73
   32. Marha- és zöldséges kézi piték 76

33. Áfonya bagel 79
34. Butterhorns 82
35. Cheddar sajtos bagel 84
36. Sajtos és metélőhagymás keksz 87
37. Sajt és Jalapeño bagel 89
38. Fahéjas mazsolás bagel 92
39. Kukoricakenyér 95
40. Vacsoratekercs 97
41. Angol muffin 100
42. Minden Bagels 102
43. Német rozs- és búzatekercs 104
44. Hamburger zsemle 107
45. Virsli zsemle 109
46. Éjszakai keksz 111
47. Pizza kéreg 113
48. Perec 115
49. Gyors keksz 117
50. Gyors írós keksz 119
51. Rusztikus laposkenyér 121
52. Zsályás krutonok 123
53. Lassan kelő rozsbagel 125
54. Búza bagel 128
55. Búza pizza kéreg 130

REGGELI finomságok 132

56. Almás fritter 133
57. Apple Fritters on the Fly 135
58. Almás palacsinta 137
59. Szalonnás reggeli rakott 139
60. Áfonyás palacsinta 141
61. Áfonya gofri 143
62. Brunch rakott 145
63. Hajdina palacsinta 147
64. Írós palacsinta 149
65. Fahéjas tekercs 151
66. Dutch Baby 155
67. Forró Gabona 157
68. Könnyű és légies gofri 159
69. Zabpelyhes palacsinta 161

70. Éjszakai palacsinta ... 163
71. Sütőtökös palacsinta ... 165
72. Gyors palacsinta ... 167
73. Gyors gofri ... 169
74. Rozspalacsinta ... 171
75. Kolbász és kovászos kenyérréteg ... 173
76. Kovászos kenyér francia pirítós ... 175
77. Varangy a lyukban ... 177
78. Teljes kiőrlésű palacsinta ... 179

ROZSKOVASZT ... 181

79. Rozskenyér ... 182
80. Levain ... 184
81. Rozs Ciabatta ... 186
82. Francia parasztkenyér ... 188
83. Mogyorós kenyér ... 190
84. Orosz édes kenyér ... 192
85. Dán rozskenyér ... 194
86. Diós kenyér ... 196
87. Tönkölykenyér naranccsal ... 198
88. Ánizs kenyér ... 200
89. Napraforgós kenyér ... 202
90. Söröskenyér ... 204
91. Ropogós rozskenyér ... 206
92. Ízletes ropogós kenyér ... 208
93. Vékony kekszet ... 210
94. Krumplis kenyér ... 212

TÖMÖLCS kovász ... 214

95. Tönköly kovász ... 215
96. Tönköly- és rozskovászos kenyér ... 217
97. Tönköly kovászos bagel ... 219
98. Burgonyakovász ... 221
99. Lencsekovász ... 223
100. Olíva kenyér ... 225

KÖVETKEZTETÉS ... 227

BEVEZETÉS

Üdvözöljük a TANYI KOVÁSZOS SZAKÁCSKÖNYV világában! Ez a szakácskönyv tökéletes útmutató mindenkinek, aki szereti a kovászos kenyér rusztikus, kézműves ízét és állagát. Legyen Ön gyakorlott pék vagy kezdő, ebben a könyvben mindent megtalál, amit a finom kovászos kenyér elkészítésével és sütésével kapcsolatban tudnia kell.

Belül tucatnyi ínycsiklandó receptet találsz kovászos kenyérhez, zsemlékhez, bagelhez és még sok máshoz. A klasszikus cipóktól a kreatív csavarokig mindenki talál valamit ebben a szakácskönyvben. Megtanulja, hogyan készítse el saját kovászos előételét, hogyan gyúrja és formálja a tésztát, és hogyan érheti el a tökéletes kelesztést és sütést.

Ez a könyv azonban több, mint egyszerű receptgyűjtemény. A tanyasi életmód és a kézműves kenyérsütés hagyományainak ünnepe. Megismerheti a kovász történetét, a természetes élesztő használatának előnyeit, és azt az elégedettséget, amelyet a saját kenyerének a semmiből való elkészítése okoz.

Tehát akár ízletes, egészséges kenyérrel szeretné feltölteni kamráját, akár egyszerűen csak a kovászsütés világát szeretné felfedezni, a TANYI KOVÁSZOS SZAKÁCSKÖNYV a tökéletes útmutató az Ön számára.

Tanya, Kovász, Kézműves, Rusztikus, Házi, Kenyér, Receptek, Finom, Vekni, Bagel, Sütés, Előétel, Gyúrás, Formázás, Kelesztés, Sütés, Tanya, Életmód, Hagyományok, Természetes Élesztő, Kamra, Egészséges, Karcolás..

KLASSZIKUS kovászos KENYÉREK

1. **Karamellizált hagymás kenyér**

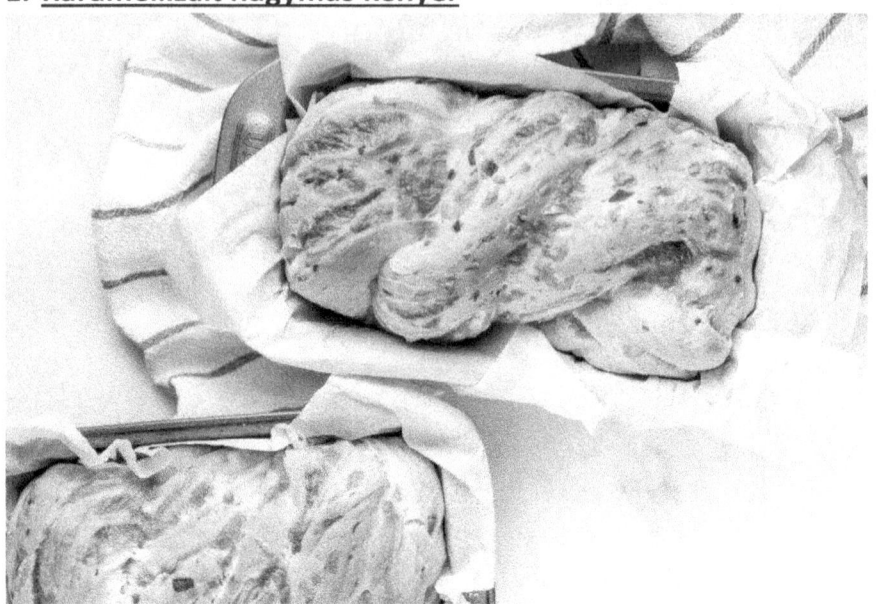

Karamellizált hagyma

1 T. olívaolaj (szükség esetén még egy kicsit)

½ nagy hagyma, apróra vágva

¼ tk. kristálycukor

¼ tk. só

Kenyér tészta

533 g. fehérítetlen univerzális liszt

267 g. aktív indító

267 g. víz

13 g. só

Karamellizált hagyma a fenti recept alapján

Egy közepes serpenyőben közepes lángon hevítsük fel az olajat. Adjuk hozzá a hagymát, és keverjük össze, hogy a darabokat olajjal bevonják. Adjuk hozzá a cukrot és a sót, és addig főzzük, kevergetve, hogy a hagymadarabok meg ne égjenek, amíg a hagyma megpuhul és világos aranybarna nem lesz (kb. 20 perc). Ha úgy tűnik, hogy a hagyma megszáradt, kevés olajat adhat hozzá, hogy ne ragadjon a serpenyőhöz és ne égjen le. Ha kész, tegyük át a karamellizált hagymát egy kis edénybe, és tegyük hűtőbe, amíg szükséges.

Egy nagy tálban keverje össze az összes hozzávalót, kivéve a sót és a karamellizált hagymát. Fedjük le a tálat műanyag fóliával, és hagyjuk a tésztát szobahőmérsékleten körülbelül 30 percig állni. Szórjuk meg a sót az egész tésztába, és keverjük újra jól, hogy a só teljesen beépüljön. Tartsa a tésztát az edényben, nyújtsa ki és hajtsa meg háromszor, fedje le a tálat műanyag fóliával, és hagyja a tésztát 30 percig pihenni a munkamenetek között. A harmadik nyújtás és hajtogatás után takarjuk le a tésztát, és hagyjuk 30 percig pihenni. Ezután adjuk hozzá a karamellizált hagymát, óvatosan dagasztjuk, hogy elkezdjük keverni a darabokat a tésztában. Végezzen még 3 nyújtást és hajtogatást 30 perces különbséggel, és fedje le a tálat az ülések között.

Tartsa a tálat műanyag fóliával letakarva, és hagyja a tésztát körülbelül a duplájára kelni, általában 4-8 órán keresztül vagy egy éjszakán át.

Óvatosan kinyújtjuk a tésztát lisztezett munkalapra, és megformázzuk. Fedjük le műanyag fóliával, és hagyjuk kelni körülbelül 4 órán keresztül, vagy amíg majdnem a duplájára nő.

Vágja le a tetejét. Melegítse elő a sütőt 400-450°-ra, és süsse 45-50 percig, vagy amíg kész.

1 vekni készül

2. Sajtos Jalapeño kenyér

Indító
50 g. fehérítetlen univerzális liszt
50 g. víz
15 g. indító
Kenyér tészta
Az önindító előző este készült
360 g. víz
500 g. fehérítetlen univerzális liszt, vagy teljes kiőrlésű és univerzális lisztek kombinációja
10 g. só
50 g. szeletelt jalapeño paprika (friss, pörkölt vagy ecetes)
100 g. éles cheddar sajt, aprítva

Az éjszaka előtt:
A nagy keverőtálban, amelyben a kenyértésztát tervezi elkészíteni, keverje össze a hozzávalókat; fedje le műanyag fóliával, és hagyja az indítót szobahőmérsékleten egy éjszakán át.
A következő reggel:
Az elkészített előételt tartalmazó tálba öntsük a vizet, és keverjük össze. Keverjük össze a lisztet és a sót, és adjuk hozzá az előételhez, kézzel keverjük össze, és addig dolgozzuk, amíg a liszt már nem lesz száraz. (Én a lisztkeverék kb. felét nagykanállal belekeverem, majd hozzáadom a maradék lisztes keveréket és kézzel keverem.) Fedjük le a tálat műanyag fóliával, és hagyjuk a tésztát szobahőmérsékleten 2 órán át pihenni.
Végezzen 2 sorozat nyújtást és hajtogatást 30 perces különbséggel, és fedje le a tálat, amikor a tészta pihen. A második nyújtás, hajtogatás és pihentetés után adjuk hozzá a jalapeño paprikát és a sajtot, majd nyújtsuk ki és hajtsuk össze még 3-4 alkalommal 30 perces időközönként, minden alkalommal lefedve a tálat. Az utolsó nyújtás és hajtogatás után takarjuk le a tálat, és hagyjuk kelni a tésztát 2-3 órán keresztül.
A tésztát lisztezett munkalapra borítjuk, és kör alakúra vagy hosszúkásra formázzuk. A tészta külsejét lisztezzük meg, fedjük le, és hagyjuk kelni szobahőmérsékleten körülbelül 3 órát.

Melegítsük elő a sütőt 450°-ra. Ha holland sütőt vagy hasonló kenyérsütőt használ, helyezze a sütőedényt a sütőbe, hogy szintén előmelegedjen.

Vágja le a cipó tetejét borotvával vagy sántával, majd óvatosan helyezze a cipót az előmelegített holland sütőbe. (Én a fedőt használom az alaphoz, és magát a holland sütőt használom a fedéshez, mivel sokkal könnyebben elhelyezhető a cipó.)

30 percig sütjük lefedve; levesszük a tetejét, és további 20-25 percig sütjük. Ha sütőkövet vagy sütőlapot használ, tegyen egy serpenyőben forrásban lévő vizet a sütőbe egy rácsra a kenyér alá, hogy gőzt adjon a sütéshez. Vegye ki a kenyeret a holland sütőből, és szeletelés előtt tegye rácsra, hogy kihűljön.

1 vekni készül

3. Áfonya pekándió kenyér

200 g. fehérítetlen univerzális liszt
200 g. teljes kiőrlésű liszt
20 g. pekándió darabok
20 g. szárított áfonya
10 g. só
200 g. aktív indító
225 g. víz

Egy közepes keverőtálban keverjük össze a lisztet, a pekándiódarabokat, a szárított áfonyát és a sót. Adjuk hozzá a többi hozzávalót, keverjük össze, majd hagyjuk állni körülbelül 30 percig. Tartsa a tésztát az edényben, nyújtsa ki és hajtsa össze körülbelül 6-szor 30 perces időközönként. Eleinte a zárványok hajlamosak kiesni, de az ujjaival finoman nyomkodja őket a tésztába, miközben nyújtja és hajtogatja. A nyújtás és hajtogatás folytatásával a pekándió és az áfonya egyenletesen beépül. Fedjük le a tálat, és hagyjuk a tésztát körülbelül a duplájára kelni, általában 4-8 órán keresztül vagy egy éjszakán át.
Óvatosan kiborítjuk a tésztát lisztezett munkalapra, és megformázzuk. Fedjük le és hagyjuk kelni körülbelül 4 órán keresztül, vagy amíg szépen megkel.
Vágja le a tetejét. Melegítse elő a sütőt 400-450°-ra, és süsse 40-50 percig, vagy amíg kész. Hűtsük le rácson.
1 vekni készül

4. Fifty/Fifty fehér és búza kenyér

225 g. víz
200 g. aktív indító
200 g. fehérítetlen univerzális liszt
200 g. teljes kiörlésű liszt
10 g. só

Egy nagy tálban keverjük össze az összes hozzávalót a só kivételével. Fedjük le a tálat műanyag fóliával, és hagyjuk a tésztát szobahőmérsékleten körülbelül 30 percig állni. Szórjuk meg a tésztát a sóval, és keverjük újra jól, hogy a só teljesen elkeveredjen. Tartsa a tésztát az edényben, nyújtsa ki és hajtsa ki a tésztát körülbelül 6-szor 30 perces időközönként, és minden alkalommal fedje le a tálat műanyag fóliával. Tartsa a tálat műanyag fóliával letakarva, és hagyja a tésztát körülbelül a duplájára kelni, általában 4-8 órán keresztül vagy egy éjszakán át.
Óvatosan kiborítjuk a tésztát lisztezett munkalapra, és megformázzuk. Fedjük le műanyag fóliával, és hagyjuk kelni körülbelül 4 órán keresztül, vagy amíg a duplájára nem nő.
Vágja le a tetejét. Melegítse elő a sütőt 400-450°-ra, és süsse 45-55 percig, vagy amíg kész. Hűtsük le rácson.
1 vekni készül

5. Gruyère sajtos kenyér

300 g. víz
267 g. aktív indító
267 g. fehérítetlen univerzális liszt
267 g. teljes kiörlésű liszt
13 g. só
50 g. Gruyère sajt, aprítva

Egy nagy tálban keverjük össze az összes hozzávalót a só és a Gruyére sajt kivételével. Fedjük le a tálat műanyag fóliával, és hagyjuk a tésztát szobahőmérsékleten körülbelül 30 percig állni. Szórjuk meg a tésztát a sóval, és keverjük újra jól, hogy a só teljesen elkeveredjen. A tésztát letakarjuk és 30 percig pihentetjük.
A tésztát a tartályban tartva 30 percenként kinyújtjuk és hajtogatjuk. Csináld ezt 3-szor, minden munkamenet után fedd le a tálat műanyag fóliával.
Adjuk hozzá a Gruyére sajtot, és mindent megteszünk, hogy az egész tésztában elkeverjük. Nyújtsa ki és hajtsa össze a tésztát még 3-szor (összesen 6-szor), minden munkamenet után fedje le a tálat műanyag fóliával.
Tartsa a tálat műanyag fóliával letakarva, és hagyja a tésztát körülbelül a duplájára kelni, általában 4-8 óra vagy egy éjszakán át. Óvatosan kiborítjuk a tésztát lisztezett munkalapra, és megformázzuk. Fedjük le a cipót műanyag fóliával, és hagyjuk kelni 2-4 órán keresztül, vagy amíg legalább a felére megkel.
Vágja le a tetejét. Melegítse elő a sütőt 400-450°-ra, és süsse 45-55 percig, vagy amíg kész. Hűtsük le rácson.
1 vekni készül

6. Olasz fűszernövényes kenyér

240 g. aktív indító
15 g. vaj
240 g. tej
1 tk. só
1 tk. kristálycukor
½ tk. száritott kakukkfű
½ tk. szárított oregánó
½ tk. szárított bazsalikom
490 g. fehérítetlen univerzális liszt

Az éjszaka előtt:
Egy nagy keverőtálban tegyük bele az indítót. Olvasszuk fel a vajat egy mikrohullámú sütőben használható tálban, amely elég nagy ahhoz, hogy a tejet is elférjen; mikrohullámú sütőben, amíg a vaj el nem olvad. Öntsük a tejet az olvasztott vajat tartalmazó edénybe, majd adjuk hozzá a sót, a cukrot, a kakukkfüvet, az oregánót és a bazsalikomot. Jól összekeverni. Ellenőrizze, hogy a tejkeverék nem melegebb-e 100°-nál; ha kellően kihűlt, beleöntjük az előételt tartalmazó tálba, és újra jól összekeverjük. Egyenként adjuk hozzá a lisztet, és minden hozzáadás után keverjük össze. Amikor a tészta túl kemény lesz ahhoz, hogy kézzel keverje össze, lisztezett munkalapra borítjuk, és addig gyúrjuk, amíg a tészta sima és szatén nem lesz. Ez 8 vagy több percig tart. Helyezze vissza a tésztát egy tiszta keverőtálba. Fedjük le a tálat műanyag fóliával, és hagyjuk szobahőmérsékleten kelni egy éjszakán át. A következő reggel,

A következő reggel:
Óvatosan kiborítjuk a tésztát lisztezett munkalapra, és 30 percig pihentetjük. A tésztát a kívánt formára formázzuk. Helyezze a cipót vagy sütőpapírral bélelt tepsire, szilikon sütőlapra vagy kivajazott tepsibe. Hagyjuk szobahőmérsékleten kelni 2-4 órán keresztül, vagy amíg a cipó a duplájára nő (ha cipóformát használunk, hagyjuk a tepsi tetejére kelni).

A kenyeret kétféleképpen sütheti:
- Helyezze a serpenyőt hideg sütőbe, majd kapcsolja be a sütőt 375°-ra. 70 percig sütjük.
- Melegítse elő a sütőt 450°-ra, és süsse meg a kenyeret 40-45 percig.

Vegyük ki a kenyeret a sütőből (vagy a tepsiből), és tegyük rácsra hűlni.
1 vekni készül

7. Máté búzadara

300 g. fehérítetlen univerzális liszt
225 g. víz
200 g. aktív indító
100 g. búzadara liszt
10 g. só

Egy nagy tálban keverjük össze az összes hozzávalót a só kivételével. Fedjük le a tálat műanyag fóliával, és hagyjuk a tésztát szobahőmérsékleten körülbelül 30 percig állni. Szórjuk meg a tésztát a sóval, és keverjük újra jól, hogy a só teljesen elkeveredjen. Tartsa a tésztát az edényben, körülbelül 30 percenként nyújtsa ki és hajtsa össze, körülbelül 5-6 alkalommal, és minden alkalommal fedje le a tálat műanyag fóliával. Fedjük le a tálat, és hagyjuk a tésztát körülbelül a duplájára kelni, általában 4-8 órán keresztül vagy egy éjszakán át.

Óvatosan kiborítjuk a tésztát lisztezett munkalapra, és megformázzuk. Fedjük le a cipót műanyag fóliával, és hagyjuk kelni szobahőmérsékleten 2-4 órán keresztül, vagy amíg körülbelül a duplájára nő.

Vágja le a tetejét. Melegítse elő a sütőt 400-450°-ra, és süsse 40-45 percig, vagy amíg kész. Hűtsük le rácson.

1 vekni készül

8. Zabpehely kenyér

3 csésze univerzális liszt
2 csésze aktív indító
1½ csésze régimódi hengerelt zab
1-1,5 csésze tej, körülbelül 90°-ra melegítve
3 T. méz
2 T. olívaolaj
1½ teáskanál. só

Egy nagy keverőtálban keverje össze az összes hozzávalót, és addig keverje, amíg tésztát nem kap; fedjük le a tálat, és hagyjuk a tésztát 30 percig pihenni.

Körülbelül 6 percig dagasztjuk a tésztát, használjunk lisztet, hogy a tészta ne ragadjon le, de törekedjünk arra, hogy a lehető legkevesebbet használjuk fel, hogy a tészta puha maradjon (én a dagasztást általában a tálban végzem). A tésztát egy másik nagy keverőtálba forgatjuk, amelyet kikentünk. Fedjük le és hagyjuk kelni a tésztát szobahőmérsékleten 2 órán keresztül.

Formázd meg a tésztát, és tedd egy nagy, kivajazott tepsibe. Fedjük le és hagyjuk még 2-4 órán át szobahőmérsékleten kelni.

Melegítse elő a sütőt 375°-ra, és süsse 50-55 percig, vagy amíg kész. Vegye ki a kenyeret, és hagyja hűlni egy rácson 15-20 percig, mielőtt felszeletelné.

1 vekni készül

9. Sült fokhagymás kenyér

800 g. fehérítetlen univerzális liszt
20 g. só
3-4 gerezd pörkölt fokhagyma, keresztben félbe vagy harmadába vágva, majd vékonyra szeletelve
400 g. aktív indító
400 g. víz
Egy közepes keverőtálban keverjük össze a lisztet, a sót és a pirított fokhagymát. Adjuk hozzá a többi hozzávalót, keverjük össze, fedjük le a tálat műanyag fóliával, majd hagyjuk állni körülbelül 30 percig. Tartsa a tésztát a tartályban, körülbelül 30 percenként nyújtsa ki és hajtsa össze, körülbelül 6-szor, és minden alkalommal fedje le a tálat műanyag fóliával. A tálat lefedve hagyjuk a tésztát körülbelül a duplájára kelni, általában 4-8 óráig vagy egy éjszakán át.
Óvatosan kiborítjuk a tésztát lisztezett munkalapra, és megformázzuk. Fedjük le a cipót műanyag fóliával, és hagyjuk kelni körülbelül 4 órán keresztül, vagy amíg körülbelül a duplájára nő.
Vágja le a tetejét. Melegítse elő a sütőt 400-450°-ra, és süsse 40-50 percig, vagy amíg kész. Hűtsük le rácson.
1 nagy vagy 2 kis cipó készül belőle

10. Rozmaringos kenyér

400 g. fehérítetlen univerzális liszt
200 g. aktív indító
200 g. víz
20 g. friss rozmaring, apróra vágva vagy apróra vágva
10 g. só

Egy nagy tálban keverjük össze az összes hozzávalót a rozmaring és a só kivételével. Fedjük le a tálat műanyag fóliával, és hagyjuk a tésztát szobahőmérsékleten körülbelül 30 percig állni. Szórjuk meg a rozmaringot és a sót a tésztába, és keverjük újra jól, hogy a hozzáadott összetevők teljesen belekeveredjenek. Tartsa a tésztát a tartályban, körülbelül 30 percenként nyújtsa ki és hajtsa össze, körülbelül 6-szor, és minden alkalommal fedje le a tálat műanyag fóliával. Tartsa a tálat műanyag fóliával letakarva, és hagyja a tésztát majdnem a duplájára kelni, általában 4-8 óra vagy egy éjszakán át.

Óvatosan kiborítjuk a tésztát lisztezett munkalapra, és megformázzuk. Fedjük le műanyag fóliával, és hagyjuk kelni körülbelül 4 órán keresztül, vagy amíg jól megkel.

Vágja le a tetejét. Melegítse elő a sütőt 400-450°-ra, és süsse 40-50 percig, vagy amíg kész. Hűtsük le rácson.

1 vekni készül

11. Puha szendvicskenyér

28 g. vaj
240 g. tej, majdnem forrásig melegítve
224 g. aktív indító
12 g. kristálycukor
9 g. só
350 g. fehérítetlen univerzális liszt
1 tojás, felvert
Helyezze a vajat a forró tejbe, és keverje meg, hogy a vaj felolvadjon; hűtsük le a tejes keveréket 100 °C-ra.

Egy nagy keverőtálban keverje össze a tejes keveréket, az előételt, a cukrot és a sót. A lisztet apránként adjuk hozzá, amíg már nem tudjuk kézzel keverni a tésztát. A tésztát lisztezett munkalapra borítjuk, és a maradék lisztet belegyúrjuk. A dagasztást néhány percig folytatjuk, a lehető legkevesebb liszt felhasználásával. A tésztának lágynak és enyhén ragacsosnak kell lennie.

Formázz a tésztából kerek, sima golyót, és tedd egy nagy olajozott vagy zsírozott tálba, és fordítsd meg a tésztát, hogy minden felületét bevonja. Fedjük le a tálat műanyag fóliával, és hagyjuk szobahőmérsékleten 30 percig pihenni.

Nyújtsa ki és hajtsa össze a tésztát összesen 2-szer 30 perces időközönként, és közben tartsa letakarva a tálat. A lefedett tésztát 1 órán át szobahőmérsékleten pihentetjük; majd 1 órás időközönként háromszor nyújtsuk ki és hajtsuk össze, közben tartsuk letakarva a tálat.

Mára már nagyon élénknek és könnyűnek kell lennie a tésztának, de ha nem, akkor takarjuk le a tésztát, és hagyjuk még egy-két órát pihenni.

Egy tepsit kivajazunk, és félretesszük, amíg a tésztát úgy formázzuk, hogy beleférjen a tepsibe, ügyelve arra, hogy finoman formázzuk a tésztát, hogy könnyű és szellős maradjon. Helyezzük a tésztát az előkészített cipóformába, fedjük le a tepsit nedves konyharuhával vagy olajozott műanyag fóliával (hogy a tészta ne ragadjon le), és tegyük a pultra, amíg a tészta fel nem kel a tepsi tetejére, ill. ömlesztve körülbelül megduplázódott. (Ez 1-2 órát vesz igénybe.)

Melegítsük elő a sütőt 350°-ra. Vágja le a cipó közepét, és süsse 30-40 percig, vagy amíg a kenyér elkészül, és a teteje világos aranybarna nem lesz.

Hagyja a kenyeret 5 percig a tepsiben állni, mielőtt kifordítja a tepsiből, és rácsra helyezi, amíg teljesen ki nem hűl.

1 vekni készül

12. Elhasznált gabonás kenyér

225 g. víz
200 g. aktív indító
200 g. fehérítetlen univerzális liszt
200 g. teljes kiörlésű liszt
⅓-½ csésze elhasznált gabona (lásd a megjegyzést)
10 g. só

Megjegyzés: A kiégett gabona az, ami a sörfőzési folyamatból megmarad. Könnyen beszerezhet kiégett gabonát, ha megkéri egy barátját, aki otthon sört főz a maradék kiégett gabonáért, vagy felhívhat egy helyi sörfőzdét – valószínűleg szívesen adnak vagy eladnak, amennyit csak akar. Az elhasznált gabonát egy helyi sörfőzdéből szerzem be, és hazaérve fél csésze adagokra mérem a gabonát, annyi levegőt távolítok el, amennyit csak tudok, és megfelelő edényekben lefagyasztom. Felolvasztjuk és szükség szerint használjuk.

Egy nagy tálban keverje össze az összes hozzávalót, kivéve a kimerült gabonát és a sót. Fedjük le a tálat műanyag fóliával, és hagyjuk a tésztát szobahőmérsékleten körülbelül 30 percig állni. Szórja meg a kimerült gabonát és a sót a tésztára, majd keverje újra jól, hogy a só teljesen belekeveredjen. Hagyja pihenni a tésztát másodszor is, körülbelül 45 percig. Tartsa a tésztát az edényben, nyújtsa ki és hajtsa ki a tésztát körülbelül 6-szor 30 perces időközönként, és minden alkalommal fedje le a tálat műanyag fóliával. Tartsa a tálat műanyag fóliával letakarva, és hagyja a tésztát körülbelül a duplájára kelni, általában 4-8 órán keresztül vagy egy éjszakán át.

Óvatosan kiborítjuk a tésztát lisztezett munkalapra, és megformázzuk. Fedjük le műanyag fóliával, és hagyjuk kelni körülbelül 4 órán keresztül, vagy amíg a duplájára nem nő.

Vágja le a tetejét. Melegítsük elő a sütőt 400-450°-ra, és süssük 45-55 percig, vagy amíg kész. Hűtsük le rácson.

1 vekni készül

13. Aszalt paradicsomos és bazsalikomos kenyér

225 g. víz
200 g. aktív indító
200 g. fehérítetlen univerzális liszt
200 g. teljes kiörlésű liszt
10 g. só
30 g. szárított paradicsom apróra vágva (nem nagyobb, mint egy csokidarab)
1 púpozott tk. szárított bazsalikom levelek (őrölt bazsalikomot ne használjunk)

Egy nagy tálban keverjük össze az összes hozzávalót, kivéve a szárított paradicsomot és a bazsalikomot. Hagyja állni a tésztát körülbelül 30 percig. A tésztát az edényben tartva nyújtsuk ki és hajtsuk össze, fedjük le a tálat, és hagyjuk 30 percig pihenni; A tésztát másodszor is kinyújtjuk és összehajtjuk, a tálat letakarjuk, és további 30 percig pihentetjük.

Most adjuk hozzá a szárított paradicsomot és a bazsalikomot, és mindent megteszünk, hogy a darabokat a tésztába szórjuk; nyújtsd ki és hajtsd össze a tésztát még 4-szer, letakarva a tálat, és hagyd pihenni a tésztát 30 percig minden alkalommal. Minden további nyújtásnál és hajtogatásnál észre fogod venni, hogy a szárított paradicsom és a bazsalikom egyenletesebben oszlik el a tésztában.

Fedjük le a tálat, és hagyjuk a tésztát körülbelül a duplájára kelni, általában 4-8 órán keresztül vagy egy éjszakán át.

Óvatosan kiborítjuk a tésztát lisztezett munkalapra, és megformázzuk. Fedjük le és hagyjuk kelni körülbelül 4 órán keresztül, vagy amíg a duplájára nő.

Vágja le a tetejét. Melegítse elő a sütőt 400-450°-ra, és süsse 40-45 percig, vagy amíg kész. Hűtsük le rácson.
1 vekni készül

14. Napraforgómagos kenyér

240 g. aktív indító
1 T. vaj
240 g. tej
½ csésze nyers napraforgómag
1 T. méz
1 tk. só
175 g. teljes kiörlésű liszt
140 g. durumliszt (a fele teljes kiőrlésű és a fele fehérítetlen univerzális lisztet helyettesítheti)
175 g. fehérítetlen univerzális liszt
Öntsd az indítót egy nagy keverőtálba, és tedd félre egyelőre.
Az éjszaka előtt:
Egy mikrohullámú sütőben felolvasztjuk a vajat, majd hozzáadjuk a tejet; keverjük hozzá a napraforgómagot, a mézet és a sót. Ellenőrizze a vaj és a tej keverékének hőmérsékletét, és győződjön meg arról, hogy nem melegebb 100 °C-nál. Amikor kellően kihűlt, adjuk hozzá a nagy keverőedénybe, amely tartalmazza az indítót, és jól keverjük össze. Adjuk hozzá a teljes kiőrlésű lisztet és a durumot, majd kézzel keverjük össze. Kezdje el apránként hozzáadni az univerzális lisztet, minden hozzáadás után keverje össze. Amikor a tészta túl kemény lesz ahhoz, hogy kézzel keverje össze, lisztezett munkalapra borítjuk, és belegyúrjuk a maradék lisztet. Folytasd a dagasztást, amíg sima és szaténszerű nem lesz (kb. 8 perc). Fedjük le a tálat műanyag fóliával, és hagyjuk a tésztát egy éjszakán át szobahőmérsékleten állni, hogy duplájára keljen.
A következő reggel:
Óvatosan kiborítjuk a tésztát lisztezett munkalapra, és 30 percig pihentetjük. A tésztát a kívánt formára formázzuk. Helyezze a cipót egy tepsibe vagy egy tepsibe, és hagyja kelni szobahőmérsékleten 2-4 órán keresztül, vagy ameddig kell, hogy a cipó körülbelül a duplájára nőjön (ha cipót használunk, hagyjuk kelni a cipóforma teteje). Helyezze a serpenyőt hideg sütőbe, majd kapcsolja be a sütőt 375 fokra. 65-70 percig sütjük. Vegyük ki a kenyeret a sütőből (és a tepsiből, ha használjuk), és tegyük rácsra hűlni.
1 vekni készül

15. Diós kenyér

200 g. fehérítetlen univerzális liszt
200 g. teljes kiörlésű liszt
40 g. diódarabokat
10 g. só
225 g. víz
200 g. aktív indító
1 T. dióolaj (elhagyható)

Egy közepes keverőtálban keverjük össze a liszteket, a diódarabokat és a sót. Adjuk hozzá a többi hozzávalót, keverjük össze, majd hagyjuk állni körülbelül 30 percig. Tartsa a tésztát az edényben, nyújtsa ki és hajtsa össze 30 percenként körülbelül 6-szor. Fedjük le a tálat, és hagyjuk a tésztát körülbelül a duplájára kelni, általában 4-8 órán keresztül vagy egy éjszakán át.

Óvatosan kiborítjuk a tésztát lisztezett munkalapra, és megformázzuk. Fedjük le és hagyjuk kelni körülbelül 4 órán keresztül, vagy amíg a duplájára nő.

Vágja le a tetejét. Melegítse elő a sütőt 400-450°-ra, és süsse 40-50 percig, vagy amíg kész. Hűtsük le rácson.

1 vekni készül

16. Teljes kiőrlésű kenyér

400 g. teljes kiörlésű liszt
250 g. víz
200 g. indító
10 g. só

Egy nagy tálban keverjük össze az összes hozzávalót a só kivételével. Hagyja állni a tésztát körülbelül 45 percig; szórja meg a sót a tésztára, és keverje újra jól, hogy a só teljesen beépüljön. Tartsa a tésztát az edényben, nyújtsa ki és hajtsa össze 30 percenként körülbelül 6-szor. Fedjük le a tálat, és hagyjuk a tésztát körülbelül a duplájára kelni, általában 4-8 órán keresztül vagy egy éjszakán át.

Óvatosan kiborítjuk a tésztát lisztezett munkalapra, és megformázzuk. Fedjük le és hagyjuk kelni körülbelül 4 órán keresztül, vagy amíg a duplájára nő.

Vágja le a tetejét. Melegítse elő a sütőt 400-450°-ra, és süsse 40-45 percig, vagy amíg kész. Hűtsük le rácson.

1 vekni készül

17. **Zabkovász**

Hozzávalók
- 1 csésze (200 ml) hengerelt zab
- ¼ csésze (50 ml) szobahőmérsékletű víz
- 2 alma meghámozva és lereszelve

Útvonalak

a) Keverje össze a zabot egy turmixgépben, amíg a liszthez hasonló állagot nem kap.

b) A hozzávalókat összekeverjük, és jól záródó fedővel ellátott üvegedényben 2-4 napig állni hagyjuk. Reggel és este keverjük össze.

c) Az önindító készen áll, amikor a keverék elkezd buborékolni. Innentől kezdve már csak „megetetni" kell a tésztát, hogy megőrizze ízét és kelesztőképességét. Ha a kovászot a hűtőszekrényben hagyja, hetente egyszer etesse meg ½ csésze (100 ml) vízzel és 1 csésze (100 g) zabliszttel. Ha a kovászt szobahőmérsékleten tartjuk, akkor minden nap ugyanilyen módon etessük. Az állagának vastag zabkására kell hasonlítania.

d) Ha maradt kovász, lefagyaszthatja fél csésze tárolóedényekben.

18. Italiano

3 cipót készít
Hozzávalók
1. nap
- ⅔ csésze (150 g) szobahőmérsékletű víz
- 2 csésze (250 g) búzaliszt
- 1 ¾ teáskanál (5 g) friss élesztő

2. nap
- 9 csésze (1,1 kg) búzaliszt
- 2 csésze (500 ml) szobahőmérsékletű víz
- 12 oz. (350 g) búzakovászos előétel
- ½-1 evőkanál méz
- ½ evőkanál (10 g) só

Útvonalak

a) A hozzávalókat jól összekeverjük. A tésztát hűtőben 12 órán keresztül kelesztjük.

b) A só kivételével az összes hozzávalót az előző napon elkészített tésztához adjuk. Addig gyúrjuk, amíg rugalmas lesz, és hozzáadjuk a sót.

c) A tésztát három részre osztjuk, és kerek cipókat formázunk belőle. A cipókat óvatosan lisztbe mártjuk, és kivajazott tepsire tesszük.

d) Kb. 10 órát hűtőben kelesztjük a cipókat.

e) Süssük a cipókat 240 °C-on 25-30 percig.

19. Rozmaringos kenyér

1 vekni készül
Hozzávalók
- 3 oz. (80 g) búzakovászos előétel
- 2 csésze (250 g) búzaliszt
- ½ csésze (125 ml) szobahőmérsékletű víz
- 3½ teáskanál (10 g) friss élesztő
- 1 teáskanál (5 g) só
- 1 evőkanál olívaolaj
- friss rozmaring

Útvonalak

a) Keverje össze az összes hozzávalót, kivéve az olajat és a rozmaringot, amíg sima tésztát nem kap. Hagyjuk kelni 20 percig.

b) Nyújtsuk ki a tésztát, és formázzunk belőle körülbelül egytized hüvelyk (3 mm) vastag téglalapot.

c) Olívaolajjal megkenjük. A rozmaringot felaprítjuk, és a tészta tetejére szórjuk. Ezután tekerjük fel a tésztát a téglalap rövidebb oldaláról. Rögzítse a végeket.

d) Hagyja a kenyeret körülbelül 30 percig kelni, és vágjon mély bemetszést a tésztahenger közepébe, hogy minden réteg látható legyen. Hagyjuk még 10 percig kelni.

e) A sütő kezdeti hőmérséklete: 475°F (250°C)

f) Helyezze a kenyeret a sütőbe. Öntsön egy csésze vizet a sütő aljára. Csökkentse a hőmérsékletet 210 °C-ra, és süsse körülbelül 20 percig.

g) A tésztát megkenjük olajjal, és a tetején egyenletesen elosztjuk a rozmaringot.

h) A tésztát feltekerjük. Csípje össze a végeit.

i) A megkelt kenyeret felkarikázzuk.

20. Sajtos és szezámmagos kenyér

3 cipót készít
Hozzávalók
1. nap
- 8½ oz. (240 g) búza kovászos előétel
- 1½ csésze (350 ml) szobahőmérsékletű víz
- 1½ csésze (200 g) durumbúzaliszt
- 1½ csésze (200 g) búzaliszt

2. nap
- 1 evőkanál (15 g) só
- 2¼ csésze (250 g) reszelt sajt, például érlelt svájci vagy ementáli sajt
- ½ csésze (100 ml) pirított szezámmag
- 3⅓ csésze (400 g) búzaliszt (a mennyiség a felhasznált sajttól függően változhat) olívaolaj a tálba

Útvonalak

a) A hozzávalókat alaposan összekeverjük, majd hűtőben 12 órára kelesztjük.

b) A tésztát jó előre kivesszük a hűtőből, hogy ne legyen túl hideg. Adjunk hozzá sót, sajtot, szezámmagot és lisztet. Minél szárazabb a sajt, annál kevesebb lisztre lesz szüksége. Jól összedolgozzuk, és egy kiolajozott keverőtálban, fóliával letakarva kelesztjük, amíg a tészta a duplájára nem nő.

c) Óvatosan terítsük ki a tésztát egy asztalra, és vágjuk harmadára. Finoman formázzuk kerek cipókat. Helyezze a cipókat egy kivajazott tepsire, és hagyja a kenyeret körülbelül 30 percig kelni.

d) A sütő kezdeti hőmérséklete: 450°F (230°C)

e) Helyezze a kenyeret a sütőbe, és csökkentse a hőmérsékletet 210 °C-ra. Kb. 30 percig sütjük.

f) A szezámmagot száraz serpenyőben megpirítjuk. Hagyja kihűlni a szezámmagot, mielőtt összekeverné a tésztát.

g) Ha kész a tészta, óvatosan kör alakú cipókat formázunk belőle.

h) Miután a cipók harminc percig keltek, lisztezzük meg, és óvatosan vágjunk be a cipók tetejére, mielőtt betesszük őket a sütőbe.

21. Kovászos kenyér zöld teával

Egy cipót készít
Hozzávalók
- 1 csésze (250 ml) erős zöld tea, langyosan
- 7 oz. (200 g) búzakovászos előétel
- 1 evőkanál (15 g) só
- 5 csésze (600 g) búzalisztből készült olívaolaj a tálba

Útvonalak

a) A hozzávalókat összekeverjük és jól összegyúrjuk. A tésztát kivajazott és lefedett tálban 1 órát kelesztjük.

b) Óvatosan öntsük a tésztát egy sütőasztalra. Enyhén ki kell folynia.

c) Óvatosan hajtsa össze a cipót, és helyezze egy kivajazott tepsire. Hagyjuk még 30 percig kelni.

d) A sütő kezdeti hőmérséklete: 475 °F (250 °C)

e) Helyezze a kenyeret a sütőbe, és öntsön egy csésze vizet a sütő aljára. Csökkentse a hőmérsékletet 400°F-ra (200°C).

f) Süssük a kenyeret körülbelül 25 percig.

22. Angol búza kovászos kenyér

1 vekni készül
Hozzávalók
- ¾ oz. (20 g) friss élesztő
- 1¼ csésze (300 ml) szobahőmérsékletű víz
- 5½ csésze (650 g) teljes kiőrlésű liszt
- 5 oz. (150 g) búzakovászos előétel
- 1 evőkanál (15 g) só
- 1 evőkanál nyers cukor
- ¼ csésze (50 ml) olívaolaj
- olvasztott vaj az ecseteléshez

Útvonalak

a) Az élesztőt egy kevés vízben felfuttatjuk. Az összes hozzávalót alaposan összekeverjük és jól összegyúrjuk. Ha a megadottnál több vízre van szüksége, próbáljon meg egy keveset adagolni. A mennyiség csak hozzávetőleges, mivel a liszt érzékenysége változhat.

b) Az összegyúrt tésztából cipót formálunk, és körülbelül 45-60 percig kelesztjük, amíg duplájára nem nő.

c) A sütőbe helyezés előtt megkenjük egy kevés olvasztott vajjal a kenyér tetejét.

d) Helyezze a kenyeret a sütőbe, és öntsön egy csésze vizet a sütő aljára. Csökkentse a hőmérsékletet 400°F-ra (200°C).

e) Süssük a kenyeret körülbelül 30 percig.

23. Sárgarépa kenyér

2-3 vekni készül belőle
Hozzávalók
- ½ csésze (100 ml) tej, szobahőmérsékletű
- 1¾ teáskanál (5 g) friss élesztő
- 1 evőkanál (15 g) só
- 3¾ csésze (450 g) teljes kiőrlésű búzaliszt
- 1 csésze (100 g) hengerelt zab
- 5 oz. (150 g) búzakovászos előétel
- 1 csésze (200 ml) szobahőmérsékletű víz
- 2 csésze (250 g) reszelt sárgarépa

Útvonalak

a) Keverjük össze a tejet és az élesztőt. Keverjük össze az összes hozzávalót, kivéve a sárgarépát. Kb. 10 percig gyúrjuk a tésztát. Adjuk hozzá a reszelt sárgarépát, és gyúrjuk tovább.

b) A tésztát meleg helyen 60-90 percig kelesztjük.

c) A sütő kezdeti hőmérséklete: 475 °F (250 °C)

d) Helyezzük a cipókat a sütőbe, és süssük 10 percig. Csökkentse a hőmérsékletet 180 °C-ra, és süsse még nagyjából 30 percig.

e) A zabot egy tapadásmentes serpenyőben megpirítjuk.

f) Kb. 10 percig gyúrjuk a tésztát. Adjuk hozzá a reszelt sárgarépát.

24. Zabkenyér

3 cipót készít
Hozzávalók
- 1 adag zab kovászos előétel
- ½ csésze (125 ml) szobahőmérsékletű víz
- ½ evőkanál (10 g) só
- 2 teáskanál (15 g) méz
- kb. 2½ csésze (300 g) búzaliszt
- néhány hengerelt zab

Útvonalak

a) A zabpehely kivételével az összes hozzávalót összekeverjük és jól összegyúrjuk. Hagyja kelni a tésztát 2-3 órát.

b) A tésztából három kerek cipót formázunk. Lekenjük vízzel, és mártsuk a kenyeret a hengerelt zabba. Kikent tepsiben kelesztjük a tésztát további 45 percig.

c) Süssük a cipókat 190 °C-on körülbelül 20 percig.

25. Lencse kenyér

1 vekni készül
Hozzávalók
- 1 adag lencse kovászos előétel
- ¼ csésze (50 g) olívaolaj
- 2 teáskanál (10 g) tengeri só
- ½ csésze (100 ml) szobahőmérsékletű víz
- 2 csésze (250 g) búzaliszt

Útvonalak

a) A hozzávalókat összekeverjük és jól összegyúrjuk. Ha túl laza a tészta, adjunk hozzá még egy kis lisztet. Tegye a tésztát a hűtőbe egy éjszakára.

b) Vegyük ki a tésztát és gyúrjuk még egy kicsit. A tésztából cipót formázunk, és kivajazott tepsire tesszük.

c) Hagyja a kenyeret a hűtőben kelni körülbelül 12 órát.

d) Vegye ki a kenyeret a hűtőszekrényből, és hagyja állni szobahőmérsékleten 30 percig, mielőtt betenné a sütőbe. Süssük a kenyeret 400°F-on (200°C) körülbelül 30 percig.

26. Édes Karlsbad kenyér

Körülbelül 30 zsemlét készít
Hozzávalók
- 1⅔ csésze (400 ml) tej, szobahőmérsékletű
- 7 oz. (200 g) búzakovászos előétel
- 9 csésze (1 kg) búzaliszt
- 3½ evőkanál (30 g) friss élesztő
- 1 csésze (250 g) vaj
- 1 csésze (200 g) cukor
- 6 tojássárgája
- ½ evőkanál (10 g) só
- 1 tojás a lekenéshez

Útvonalak

a) Keverjen el 1¼ csésze (300 ml) tejet a kovászsal, a liszt felével és az élesztővel. Kb. 1 órát hagyjuk kelni.

b) A vajat felolvasztjuk és hagyjuk kihűlni.

c) Az összes hozzávalót összekeverjük a tésztával. A tésztát simára gyúrjuk.

d) Formázz a tésztából vagy harminc sima zsemlét vagy félholdat, és tedd kiolajozott tepsire.

e) Kendő alatt kelesztjük, amíg a zsemle a duplájára nem nő.

f) A zsemléket megkenjük a felvert tojással. Süssük 210 °C-on körülbelül 10 percig.

27. Gugelhupf

1-2 tortát készít
Hozzávalók
1. lépés
- 1¾ teáskanál (5 g) friss élesztő
- 1 csésze (250 ml) tej, szobahőmérsékletű
- 3 csésze (375 g) búzaliszt
- 3½ oz. (100 g) búzakovászos előétel

2. lépés
- 1 csésze (200 ml) tej, szobahőmérsékletű
- 3¾ csésze (450 g) búzaliszt
- ½ csésze (100 g) cukor
- ¾ csésze (175 g) olvasztott vaj, lehűtve
- 3-4 tojás héja 1 citromból 1 csésze (150 g) mazsola porcukor a díszítéshez

Útvonalak

a) Az élesztőt egy kevés tejben felfuttatjuk. Adjuk hozzá a többi hozzávalót és jól keverjük össze. Hagyja kelni a tésztát 1-2 órát.

b) Adjunk hozzá minden hozzávalót a tésztához, és alaposan keverjük össze. Töltsön meg félig egy vagy két kivajazott és lisztezett 11 × 7 × 1 ½ hüvelykes Bundt serpenyőt (1 ½ liter) a tésztával. Hagyja kelni a tésztát körülbelül 30 százalékkal, vagy 1 órán át.

c) Süssük 200 °C-on (390°F) 20-30 percig. Hagyja kihűlni a tortát, mielőtt kiveszi a formából. Végül megszórjuk a porcukorral.

d) Keverje össze a tésztát a második lépés összetevőivel, és jól keverje össze.

e) A kivajazott és lisztezett formákat félig megtöltjük tésztával.

f) A megsült süteményt szeletelés előtt hagyjuk kihűlni.

28. Briós

Körülbelül 20 tekercset készít
Hozzávalók
- 3½ oz. (100 g) búzakovászos előétel
- 3½ csésze (450 g) búzaliszt
- ⅔ csésze (75 ml) tej, szobahőmérsékletű 5¼ teáskanál (15 g) friss élesztő
- 5 tojás
- ⅔ csésze (75 g) cukor
- 1½ evőkanál (25 g) só
- 1½ csésze (350 g) sózatlan vaj, lágyítva
- 1 tojás a lekenéshez

Útvonalak

a) Keverjük össze a kovászt a búzaliszt felével, a tejjel és az élesztővel. Hagyja a keveréket körülbelül 2 órán át kelni.

b) Hozzáadjuk az összes hozzávalót a vaj kivételével és alaposan összedolgozzuk. Ezután apránként adjuk hozzá a vajat – körülbelül ¼ csészével (50 g) egyszerre. Jól összegyúrjuk.

c) Fedjük le egy ruhával, és hagyjuk kelni a tésztát körülbelül 30 percig.

d) Formázzunk húsz kis, sima zsemlét. Tegyük őket cupcake formákba, és hagyjuk kelni, amíg a duplájára nem nő. A zsemléket megkenjük tojással.

e) Süssük a briót 210 °C-on körülbelül 10 percig.

29. Búza zsemle

Körülbelül 35 zsemlét készít
Hozzávalók
- 2 csésze (500 ml) tej, szobahőmérsékletű
- 1¾ oz. (50 g) búza kovászos előétel
- 9½ csésze (1¼ kg) búzaliszt
- 1 csésze (200 g) vaj
- ½ csésze (75 g) friss élesztő
- ½ csésze (165 g) fehér szirup
- ½ oz. (15 g) őrölt kardamom
- 1 teáskanál (5 g) só 1 tojás a kenéshez gyöngycukor a díszítéshez

Útvonalak

a) Keverjünk össze 1⅔ csésze (400 ml) tejet a kovászsal és a liszt felével. Hagyjuk kelni kb 1 órát.

b) A vajat felolvasztjuk és hagyjuk kihűlni.

c) A maradék tejben felfuttatjuk az élesztőt. Ha elkészült, az összes hozzávalót hozzáadjuk az első tésztához, és alaposan összedolgozzuk. Simára gyúrjuk.

d) A tésztából harmincöt zsemlét formázunk, és kivajazott tepsire tesszük. Kendő alatt kelesztjük, amíg a duplájára nem nő.

e) A zsemléket megkenjük a felvert tojással, és megszórjuk kevés gyöngycukorral. Süssük 210 °C-on körülbelül 10 percig.

KEKSEK, ZSÜMÉKEK, ZSEMÉKEK, TEkercsek
és egyebek

30. Szalonnás és sajtos keksz

1 csésze fehérítetlen univerzális liszt
2 tk. sütőpor
½ tk. szódabikarbóna
¼ tk. só
⅓ csésze nagyon hideg vaj, kockára vágva
¾ csésze reszelt cheddar sajt
8 szelet bacon, megfőzve, kihűtve és összemorzsolva
1 csésze aktív starter

Melegítsük elő a sütőt 425°-ra. Egy tepsit kibélelünk szilikon sütőlappal vagy sütőpapírral; egyelőre tedd félre.

Egy közepes keverőtálban keverjük össze a lisztet, a sütőport, a szódabikarbónát és a sót. Pogácsaszaggatóval vagy villával keverje hozzá a vajat, amíg a keverék durvára nem esik, gyorsan dolgozva, hogy a vaj ne melegedjen túl. Belekeverjük a sajtot és a szalonnát. Ezután adjunk hozzá ¾ csésze indítót, és keverjük addig, amíg lágy tésztát nem kapunk, ha szükséges, adjuk hozzá a maradék indulót.

A tésztát lisztezett munkalapra borítjuk, és néhányszor óvatosan átgyúrjuk. Kézzel vagy sodrófával lapítsuk el a tésztát körülbelül 1 hüvelyk vastagra. Lisztezett kekszvágóval vagy éles késsel 10-12 kekszre vágjuk. Helyezze a kekszeket az előkészített tepsire, és süsse 12-15 percig, vagy amíg aranybarnára nem pirul.

10-12 keksz készül

31. **Bagels**

2 csésze aktív starter (480 g)
2 tojás, felvert
½ csésze tej
2 T. olaj
4 T. kristálycukor, osztva
1 tk. só
3 csésze fehérítetlen univerzális liszt
Megjegyzés: Általában reggel készítek egy friss adag előételt, majd még aznap este összekeverem a tésztát, hogy egy éjszakán át keleszthessem, és másnap megfőzhessem a bagelt.

Öntsük vagy kanalazzuk az indítót egy nagy keverőtálba. Adjuk hozzá a tojást, a tejet, az olajat, a 2 evőkanál cukrot és a sót, és keverjük össze. Hozzáadjuk a lisztet, apránként, és kézzel összedolgozzuk. Amikor a tészta túl kemény lesz ahhoz, hogy kézzel tovább keverjük, lisztezett munkalapra borítjuk, és a maradék lisztet addig gyúrjuk, amíg a tészta sima és selymes nem lesz (kb. 8 perc). Használhat további lisztet, ha szükséges, hogy a tészta ne ragadjon le, de próbáljon meg minél kevesebb lisztet használni. A tészta nagyon kemény, ezért ha van, használhatunk állványkeverőt; dagasztjuk a tésztahoroggal 5-7 percig.

Helyezze a tésztát egy tiszta edénybe vagy nagy keverőtálba, fedje le műanyag fóliával, és hagyja szobahőmérsékleten kelni 8-12 órán át vagy egy éjszakán át.

Lisztezett munkafelületen óvatosan simítsa ki a tésztát a tálból. A tésztát 12-15 egyenlő részre osztjuk. Kezével készítsen labdát, majd gurítsa a labdát egy 6 hüvelyk hosszú kötéllé. A tésztakötél végeit illessze össze kör alakúra (mint egy fánk), és csipje össze a végeit. Helyezze ki őket a munkafelületre vagy egy darab sütőpapírra. Konyharuhával letakarjuk, és szobahőmérsékleten kelesztjük 1-2 órán át, vagy amíg kissé megpuhulnak.

Melegítsük elő a sütőt 425°-ra.

Forraljunk fel 4 liter vizet, és adjuk hozzá a maradék 2 evőkanál cukrot. A bageleket a forrásban lévő vízbe tesszük, ügyelve arra, hogy ne zsúfolják össze őket az edényben. Amikor a felszínre kelnek, szűrőkanállal kiszedjük, konyharuhán (vagy papírtörlővel) lecsepegtetjük, majd sütőpapírral vagy szilikon sütőlappal bélelt tepsire tesszük. .

Vegyük le a sütőt 375°-ra, és tegyük a bejgliket a sütőbe, hogy 25-30 percig sütjük, vagy amíg mélyen aranybarnák nem lesznek. Rácsra tesszük kihűlni.

12-15 bagelt készít belőle

32. Marha- és zöldséges kézi piték

Kéreg

226 g. nagyon hideg vaj (2 rúd) vagy hideg zsiradék
250 g. fehérítetlen univerzális liszt
6 g. só
3 g. kristálycukor
250 g. dobja ki az indítót (egyenesen a hűtőszekrényből dobja ki a legjobban)
10 g. fehér ecet

Töltő

½ font darált marhahús
2 T. fehérítetlen univerzális liszt
1 T. friss petrezselyem, darált, vagy 1 tk. szárított petrezselyempehely
¾ tk. só
1 tk. marhaleves granulátum, vagy 1 marhaleves kocka
¼ csésze forró víz
¾ csésze burgonya, meghámozva és apróra vágva
½ csésze sárgarépa, meghámozva és apróra vágva
2 T. hagyma, finomra vágva
1 tojás, 2 T vízzel és egy csipet sóval felverve (a tojásmosáshoz)

A reszelő nagyobb lyukait használva aprítsd fel a vajat egy nagy keverőtálba. Gyorsan dolgozzuk fel, hogy a vaj a lehető leghidegebb maradjon.

Egy másik tálban keverje össze a lisztet, a sót és a cukrot; Adja hozzá ezeket a hozzávalókat a keverőedénybe, és dobja össze a hozzávalókat, hogy bevonja és szétválasztja a vajat. Pogácsaszaggatóval addig vágjuk a vajat a lisztes keverékhez, amíg nagy morzsákat nem kapunk.

Adjuk hozzá a kidobott indítót és az ecetet, majd villával keverjük össze a lisztes keverékkel. Amikor a tészta kezd összeállni, a kezével gyorsan dolgozza ki a tésztát, hogy ne maradjon több száraz lisztdarab. Ha a tészta túl száraznak tűnik, adhatunk hozzá egy-két teáskanál nagyon hideg vizet (jeges vizet, ha van).

Vágja a tésztát 6 egyenlő részre; tekerje be minden részét műanyag fóliával, és hűtse le a tésztát, amíg elkészíti a hústölteléket.

A darált marhahúst egy serpenyőben addig pirítjuk, amíg a hús már nem lesz rózsaszín; leeresztjük a zsírt. Adjuk hozzá a lisztet, a petrezselymet és a sót, és jól keverjük össze, hogy a húst bevonja a liszttel. A levest feloldjuk a forró vízben, és a húsos keverékhez keverjük. Tovább keverjük, hozzáadjuk a burgonyát, a sárgarépát és a hagymát. Lefedve közepes lángon addig főzzük, amíg a zöldségek ropogós puhára nem lesznek. Vegyük le a serpenyőt a tűzről, és hagyjuk kihűlni a keveréket.

Melegítsük elő a sütőt 400°-ra. Egy tepsit kibélelünk sütőpapírral vagy szilikon sütőlappal.

Vegye ki a tésztát a hűtőszekrényből, és nyújtsa ki mindegyik darabot 8 hüvelykes körre. Helyezzen körülbelül ½ púpozott csésze húskeveréket, kissé eltérve a közepétől minden tésztakörre. Nedvesítsd meg a tészta szélét, és hajtsd rá félkör alakúra. A széleket villával préseljük össze, hogy lezárjuk a széleket. Egy nagyon éles késsel vágjon egy 1 hüvelyk hosszú rést a tetején. A kézi piték tetejét megkenjük tojássárgájával.

Helyezze a kézi pitéket az előkészített tepsire, és csökkentse a hőt 350 fokra. Azonnal helyezze a tepsit a sütőbe, és süsse meg a lepényeket 35-40 percig, vagy amíg a teteje megpirul.

6 pitét készít

33. Áfonya bagel

2 csésze aktív starter (480 g)
2 tojás, felvert
½ csésze tej
½ csésze áfonya frissen, szárítva, fagyasztva és felolvasztva, vagy konzervként és lecsepegve
2 T. olaj
4 T. kristálycukor, osztva
1 tk. só
3 csésze fehérítetlen univerzális liszt

Megjegyzés: Általában reggel készítek egy friss adag előételt, majd még aznap este összekeverem a tésztát, hogy a tésztát egy éjszakán át keleszthessem, és másnap megfőzhessem a bageleket.

Öntsük vagy kanalazzuk az indítót egy nagy keverőtálba. Adjuk hozzá a tojást, a tejet, az áfonyát, az olajat, a 2 evőkanál cukrot és a sót, és keverjük össze. Hozzáadjuk a lisztet, apránként, és kézzel összedolgozzuk. Amikor a tészta túl kemény lesz ahhoz, hogy kézzel folytassa a keverést, lisztezett munkalapra borítjuk, és a maradék lisztet addig gyúrjuk, amíg a tészta sima és selymes nem lesz (kb. 7 perc). Használhat további lisztet, ha szükséges, hogy a tészta ne ragadjon le, de próbáljon meg minél kevesebb lisztet használni. A tészta nagyon kemény, ezért ha van, használhatunk állványkeverőt; a tésztahoroggal 5 percig gyúrjuk.

Helyezze a tésztát egy tiszta edénybe vagy nagy keverőtálba, fedje le műanyag fóliával, és hagyja szobahőmérsékleten kelni 8-12 órán át vagy egy éjszakán át.

Lisztezett munkafelületen óvatosan simítsa ki a tésztát a tálból. A tésztát 12-15 egyenlő részre osztjuk. Kezével készítsen labdát, majd gurítsa a labdát egy 6 hüvelyk hosszú kötéllé. A tésztakötél végeit illessze össze kör alakúra (mint egy fánk), és csipje össze a végeit. Helyezze ki őket a munkafelületre vagy egy darab sütőpapírra. Konyharuhával letakarjuk, és szobahőmérsékleten kelesztjük 1-2 órán át, vagy amíg kissé megpuhulnak.

Melegítsük elő a sütőt 425°-ra.

Forraljunk fel 4 liter vizet, és adjuk hozzá a maradék 2 evőkanál cukrot. A bageleket a forrásban lévő vízbe tesszük, ügyelve arra, hogy ne zsúfolják össze őket az edényben. Amikor a felszínre kelnek, szűrőkanállal kiszedjük, konyharuhán (vagy papírtörlővel) lecsepegtetjük, majd sütőpapírral vagy szilikon sütőlappal bélelt tepsire tesszük. .

Vegyük le a sütőt 375°-ra, és tegyük a bejgliket a sütőbe, hogy 25-30 percig sütjük, vagy amíg mélyen aranybarnák nem lesznek. Rácsra tesszük kihűlni.

12-15 bagelt készít belőle

34. Butterhorns

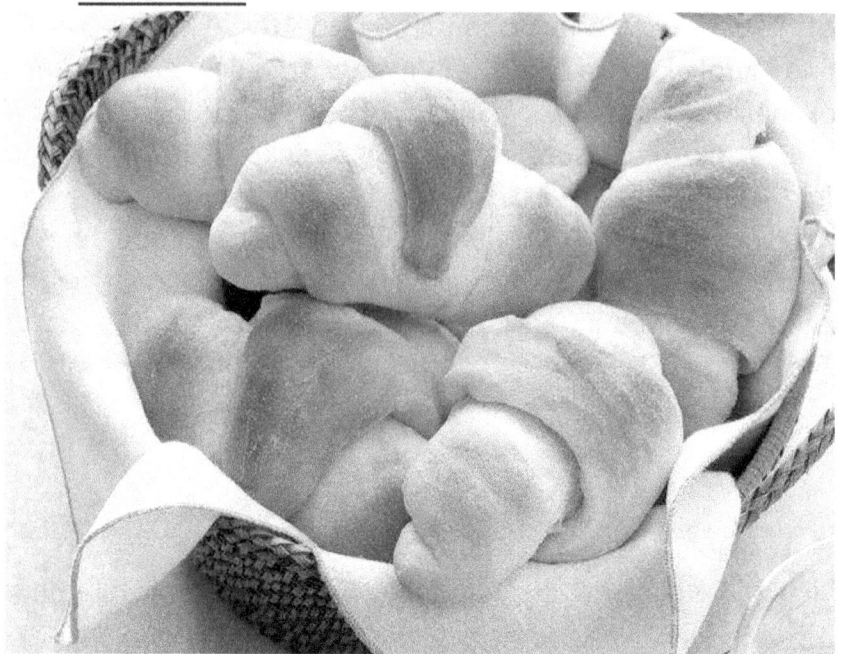

1 csésze tej
½ csésze víz
½ csésze (1 rúd) vaj, plusz még egy kevés a fogmosáshoz
½ csésze kristálycukor
2 tk. só
4½ csésze fehérítetlen univerzális liszt, osztva
1 csésze előétel
3 tojás

Egy közepes lábasban keverje össze a tejet, a vizet, a ½ csésze vajat, a cukrot és a sót, és alacsony fokozaton melegítse, amíg a vaj elolvad. Helyezze a keveréket egy nagy keverőtálba, és hűtse le alig melegre. Adjunk hozzá 2 csésze lisztet és keverjük össze. Adjuk hozzá az indítót, és keverjük újra. Fedje le a tálat műanyag fóliával, és hagyja szobahőmérsékleten körülbelül 8 órán át vagy egy éjszakán át.

A maradék lisztből annyit adunk hozzá, hogy lágy, laza tésztát kapjunk, amely kissé ragadós lesz. Egyenként adjuk hozzá a tojásokat, minden hozzáadás után jól keverjük össze. Fedjük le az edényt és hagyjuk szobahőmérsékleten 2 órán át.

A tésztát lisztezett munkalapra borítjuk, és 3 egyenlő részre vágjuk. Nyújtsunk ki minden részt vastag körré, amely valamivel vastagabb, mint egy pitehéj. Kenjen meg minden kört olvasztott vajjal, majd vágja mindegyik kört 12 szeletre, mintha pitét vágna. Tekerje fel az egyes ékeket, a kövér végétől kezdve, és görgessen a hegye felé. A tekercseket szilikon sütőlappal vagy sütőpapírral bélelt tepsire helyezzük. Fedjük le a tekercseket, és hagyjuk állni szobahőmérsékleten, amíg világos és bolyhos nem lesz (kb. 2 óra). Melegítsük elő a sütőt 350°-ra. Süssük 15 percig, vagy amíg a tekercsek világos aranybarnák nem lesznek és átsülnek.

Simán vagy porcukorral a tetejére szórva tálaljuk.

36-os lesz

35. Cheddar sajtos bagel

2 csésze aktív starter (480 g)
2 tojás, felvert
½ csésze tej
½ csésze éles cheddar sajt, reszelve, plusz még egy kevés a tetejére szóráshoz
2 T. olaj
3 T. kristálycukor, osztva
1 tk. só
3 csésze fehérítetlen univerzális liszt

Megjegyzés: Általában reggel készítek egy friss adag előételt, majd még aznap este összekeverem a tésztát, hogy a tésztát egy éjszakán át keleszthessem, és másnap megfőzhessem a bageleket.

Öntsük vagy kanalazzuk az indítót egy nagy keverőtálba. Adjuk hozzá a tojást, a tejet, a cheddar sajtot, az olajat, az 1 evőkanál cukrot és a sót, majd keverjük össze. Hozzáadjuk a lisztet, apránként, és kézzel összedolgozzuk. Amikor a tészta túl kemény lesz ahhoz, hogy kézzel tovább keverjük, lisztezett munkalapra borítjuk, és a maradék lisztet addig gyúrjuk, amíg a tészta sima és selymes nem lesz (kb. 8 perc). Használhat további lisztet, ha szükséges, hogy a tészta ne ragadjon le, de próbáljon meg minél kevesebb lisztet használni. A tészta nagyon kemény, ezért ha van, használhatunk állványkeverőt; dagasztjuk a tésztahoroggal 5-7 percig.

Helyezze a tésztát egy tiszta edénybe vagy nagy keverőtálba, fedje le műanyag fóliával, és hagyja szobahőmérsékleten kelni 8-12 órán át vagy egy éjszakán át.

Lisztezett munkafelületen óvatosan simítsa ki a tésztát a tálból. A tésztát 12-15 egyenlő részre osztjuk. Kezével készítsen labdát, majd gurítsa a labdát egy 6 hüvelyk hosszú kötéllé. A tésztakötél végeit illessze össze kör alakúra (mint egy fánk), és csipje össze a végeit. Helyezze ki őket a munkafelületre vagy egy darab sütőpapírra. Konyharuhával letakarjuk, és szobahőmérsékleten kelesztjük 1-2 órán át, vagy amíg kissé megpuhulnak.

Melegítsük elő a sütőt 425°-ra.

Forraljunk fel 4 liter vizet, és adjuk hozzá a maradék 2 evőkanál cukrot. A bageleket a forrásban lévő vízbe tesszük, ügyelve arra, hogy ne zsúfolják össze őket az edényben. Amikor kb. 30 másodperc alatt (vagy kicsit tovább) a felszínre kelnek, szűrőkanállal vegyük ki, konyharuhán (vagy papírtörlővel) csöpögtessük le, majd tegyük egy sütőpapíros tepsire. kikent sütőpapírral vagy szilikon sütőlappal kibélelve. Kívánság szerint szórjuk meg a bagel tetejét egy kis reszelt sajttal.

Vegyük le a sütőt 375°-ra, és tegyük a bejgliket a sütőbe, hogy 25-30 percig sütjük, vagy amíg mélyen aranybarnák nem lesznek. Rácsra tesszük kihűlni.

12-15 bagelt készít belőle

36. Sajtos és metélőhagymás keksz

1 csésze fehérítetlen univerzális liszt
2 tk. sütőpor
½ tk. szódabikarbóna
¼ tk. só
¾ csésze reszelt éles cheddar sajt
½ csésze vágott metélőhagyma
⅓ csésze nagyon hideg vaj, kockára vágva
1 csésze aktív starter

Melegítsük elő a sütőt 425°-ra. Egy tepsit kibélelünk szilikon sütőlappal vagy sütőpapírral; egyelőre tedd félre.

Egy közepes keverőtálban keverjük össze a lisztet, a sütőport, a szódabikarbónát és a sót. Adjuk hozzá a sajtot és a metélőhagymát. Pogácsaszaggatóval vagy villával keverje hozzá a vajat, amíg a keverék durvára nem esik, gyorsan dolgozva, hogy a vaj ne melegedjen túl. Ezután adjunk hozzá ¾ csésze indítót, és keverjük addig, amíg lágy tésztát nem kapunk, ha szükséges, adjuk hozzá a maradék indulót.

A tésztát lisztezett munkalapra borítjuk, és néhányszor óvatosan átgyúrjuk. Kézzel vagy sodrófával lapítsuk el a tésztát körülbelül 1 hüvelyk vastagra. Lisztezett kekszvágóval vagy éles késsel 10-12 kekszre vágjuk. Helyezze a kekszeket az előkészített tepsire, és süsse 14-16 percig, vagy amíg aranybarnára nem pirul.

10-12 keksz készül

37. Sajt és Jalapeño bagel

2 csésze aktív starter (480 g)
2 tojás, felvert
½ csésze tej
⅓ csésze éles cheddar sajt, reszelve, plusz még egy kevés a tetejére szóráshoz
2 T. olaj
3 T. kristálycukor, osztva
1 tk. só
¼ csésze finomra vágott ecetes, sült vagy friss jalapeño paprika
3 csésze fehérítetlen univerzális liszt

Megjegyzés: Általában reggel készítek egy friss adag előételt, majd még aznap este összekeverem a tésztát, hogy a tésztát egy éjszakán át keleszthessem, és másnap megfőzhessem a bageleket.

Öntsük vagy kanalazzuk az indítót egy nagy keverőtálba. Adjuk hozzá a tojást, a tejet, a sajtot, az olajat, az 1 evőkanál cukrot, a sót és a paprikát, majd keverjük össze. Hozzáadjuk a lisztet, apránként, és kézzel összedolgozzuk. Amikor a tészta túl kemény lesz ahhoz, hogy kézzel tovább keverjük, lisztezett munkalapra borítjuk, és a maradék lisztet addig gyúrjuk, amíg a tészta sima és selymes nem lesz (kb. 8 perc). Használhat további lisztet, ha szükséges, hogy a tészta ne ragadjon le, de próbáljon meg minél kevesebb lisztet használni. A tészta nagyon kemény, ezért ha van, használhatunk állványkeverőt; dagasztjuk a tésztahoroggal 5-7 percig.

Helyezze a tésztát egy tiszta edénybe vagy nagy keverőtálba, fedje le műanyag fóliával, és hagyja szobahőmérsékleten kelni 8-12 órán át vagy egy éjszakán át.

Lisztezett munkafelületen óvatosan simítsa ki a tésztát a tálból. A tésztát 12-15 egyenlő részre osztjuk. Kezével készítsen labdát, majd gurítsa a labdát egy 6 hüvelyk hosszú kötéllé. A tésztakötél végeit illessze össze kör alakúra (mint egy fánk), és csipje össze a végeit. Helyezze ki őket a munkafelületre vagy egy liszttel enyhén meghintett sütőpapírra. Konyharuhával letakarjuk, és szobahőmérsékleten kelesztjük 1-2 órán át, vagy amíg kissé megpuhulnak.

Melegítsük elő a sütőt 425°-ra.

Forraljunk fel 4 liter vizet, és adjuk hozzá a maradék 2 evőkanál cukrot. A bageleket a forrásban lévő vízbe tesszük, ügyelve arra, hogy ne zsúfolják össze őket az edényben. Amikor körülbelül 30 másodpercen belül a felszínre kelnek, szűrőkanállal távolítsuk el, konyharuhán (vagy papírtörlővel) csepegtessük le őket, majd tegyük sütőpapírral bélelt tepsire. vagy szilikon sütőlap. Kívánság szerint szórjuk meg a bagel tetejét egy kis reszelt sajttal.

Vegyük le a sütőt 375°-ra, és tegyük a bejgliket a sütőbe, hogy 25-30 percig sütjük, vagy amíg mélyen aranybarnák nem lesznek. Rácsra tesszük kihűlni.

12-15 bagelt készít belőle

38. Fahéjas mazsolás bagel

2 csésze aktív starter (480 g)
2 tojás, felvert
½ csésze tej
½ csésze mazsola
2 T. olaj
4 T. kristálycukor, osztva
1 tk. só
1 tk. őrölt fahéj
3 csésze fehérítetlen univerzális liszt
Megjegyzés: Általában reggel készítek egy friss adag előételt, majd még aznap este összekeverem a tésztát, hogy a tésztát egy éjszakán át keleszthessem, és másnap megfőzhessem a bageleket.

Öntsük vagy kanalazzuk az indítót egy nagy keverőtálba. Adjuk hozzá a tojást, a tejet, a mazsolát, az olajat, a 2 evőkanál cukrot, a sót és a fahéjat, majd keverjük össze. Hozzáadjuk a lisztet, apránként, és kézzel összedolgozzuk. Amikor a tészta túl kemény lesz ahhoz, hogy kézzel tovább keverjük, lisztezett munkalapra borítjuk, és a maradék lisztet addig gyúrjuk, amíg a tészta sima és selymes nem lesz (kb. 8 perc). Használhat további lisztet, ha szükséges, hogy a tészta ne ragadjon le, de próbáljon meg minél kevesebb lisztet használni. A tészta nagyon kemény, ezért ha van, használhatunk állványkeverőt; dagasztjuk a tésztahoroggal 5-7 percig.

Helyezze a tésztát egy tiszta edénybe vagy nagy keverőtálba, fedje le műanyag fóliával, és hagyja szobahőmérsékleten kelni 8-12 órán át vagy egy éjszakán át.

Lisztezett munkafelületen óvatosan simítsa ki a tésztát a tálból. A tésztát 12-15 egyenlő részre osztjuk. Kezével készítsen labdát, majd gurítsa a labdát egy 6 hüvelyk hosszú kötéllé. A tésztakötél végeit illessze össze kör alakúra (mint egy fánk), és csipje össze a végeit. Helyezze ki őket a munkafelületre vagy egy darab sütőpapírra. Konyharuhával letakarjuk, és szobahőmérsékleten kelesztjük 1-2 órán át, vagy amíg kissé megpuhulnak.

Melegítsük elő a sütőt 425°-ra.

Forraljunk fel 4 liter vizet, és adjuk hozzá a maradék 2 evőkanál cukrot. A bageleket a forrásban lévő vízbe tesszük, ügyelve arra, hogy ne zsúfolják össze őket az edényben. Amikor a felszínre kelnek, szűrőkanállal kiszedjük, konyharuhán (vagy papírtörlővel) lecsepegtetjük, majd sütőpapírral vagy szilikon sütőlappal bélelt tepsire tesszük. .

Vegyük le a sütőt 375°-ra, és tegyük a bejgliket a sütőbe, hogy 25-30 percig sütjük, vagy amíg mélyen aranybarnák nem lesznek. Rácsra tesszük kihűlni.

12-15 bagelt készít belőle

39. Kukoricakenyér

1 csésze indító (eldobható)
1 csésze író
1 csésze kukoricadara
1 csésze fehérítetlen univerzális liszt
2 tojás
½ csésze vaj, megolvasztva és lehűtve, de még folyékonyan
¼ csésze cukor
½ teáskanál. só
2 tk. sütőpor
½ tk. szódabikarbóna

Egy közepes keverőtálban keverje össze az előételt, az írót, a kukoricadarát és a lisztet. (A tálat letakarhatja műanyag fóliával, és félreteheti szobahőmérsékleten egy-két órára, hogy tovább fejlődjön az íz, vagy azonnal folytathatja a következő lépésekkel.)

Melegítsük elő a sütőt 350°-ra. Egy 9 hüvelykes öntöttvas serpenyőt, mélyedényes pitelapot vagy sütőedényt bőségesen kiolajozunk vagy kivajazunk, és félretesszük, amíg befejezi a tészta keverését.

A lisztes keverékhez adjuk hozzá a tojást, a vajat, a cukrot és a sót, és keverjük össze. Adjuk hozzá a sütőport és a szódabikarbónát, majd keverjük újra.

Helyezze a tésztát az előkészített sütőedénybe, és simítsa el a tészta tetejét. Süssük 35-40 percig, vagy amíg a teteje világosbarna nem lesz, a közepe pedig átsül. Szeletelés előtt hagyja hűlni a kukoricakenyeret körülbelül 10 percig.

6-8-ig szolgál

40. Vacsoratekercs

Indító
60 g. fehérítetlen univerzális liszt
60 g. víz
24 g. indító
12 g. kristálycukor vagy porcukor
Vacsora tekercs
75 g. vaj
Előző este készült
440 g. fehérítetlen univerzális liszt
180 g. víz, szobahőmérséklet vagy enyhén langyos
115 g. tej
23 g. kristálycukor vagy porcukor
10 g. só
1 tojás, 1 T. tejjel felvert tojásmosáshoz
Az éjszaka előtt:
Egy széles szájú literes befőttesüvegben vagy közepes méretű keverőtálban keverjük össze az előétel hozzávalóit. Fedjük le műanyag fóliával, és hagyjuk szobahőmérsékleten egy éjszakán át.
A következő reggel:
Vágja a vajat ½ hüvelykes darabokra; tedd a darabokat egy kis tálba, és egyelőre tedd félre – használatkor szobahőmérsékletűnek kell lenniük.
Az állványos mixer táljába helyezze az előételt a tekercs összes hozzávalójával együtt, kivéve a vajat és a tojásmosót. Alacsony sebességre kapcsoljuk, és addig keverjük, amíg már nem lesz száraz lisztdarab. Állítsa a keverőt közepes sebességre, és folytassa a keverést, amíg a tészta kialakul, és el nem kezd húzódni az oldalaitól (3-5 perc). A tésztát egy nagy tálba öntjük, és a tálat lefedjük műanyag fóliával. Pihentessük a tésztát 30 percig, majd hajtsunk végre 3 nyújtást és hajtogatást 30 perc különbséggel, és a két alkalom között takarjuk le a tálat. A tálat letakarva hagyjuk a tésztát szobahőmérsékleten kelni még 2 és fél órát.
Formázás előtt tegyük hűtőbe a tésztát 20 percre – így könnyebben formázhatjuk a tekercseket, mert a tészta nagyon puha és levegős.

Készítsen elő egy 9 × 9 hüvelykes sütőedényt úgy, hogy a belsejét bőségesen kivajazza, vagy helyezzen egy darab sütőpapírt úgy, hogy beleférjen a tepsibe.

Óvatosan kibolítjuk a tésztát lisztezett munkalapra. Egy padkaparóval vagy éles késsel osszuk el a tésztát 16 egyenlő részre. Minden tésztadarabot formáljunk szoros golyóvá. Helyezze a tésztagolyókat a tepsibe 4 sorban keresztben és 4 sorral lefelé.

Fedjük le a sütőedényt műanyag fóliával, és hagyjuk a tekercseket szobahőmérsékleten kelni körülbelül 3 órán keresztül. A tésztának körülbelül a tepsi tetejéig kell emelkednie, és nagyon puhának kell lennie. Ha nem, hagyja tovább kelni a tésztát, és félóránként ellenőrizze újra.

Melegítsük elő a sütőt 425°-ra.

Készítsd el a tojásmosást, és alaposan keverd habosra a keveréket. A tekercsek tetejét megkenjük tojássárgájával, és a tepsit a sütő középső rácsára helyezzük. Süssük 20 percig, majd kapcsoljuk vissza a sütőt 375°-ra, és folytassuk a sütést 15-20 percig, vagy amíg a teteje aranybarna nem lesz.

Vegyük ki a sütőből, és hagyjuk 5 percig a tepsiben állni a tekercseket, mielőtt rácsra tesszük őket tovább hűlni.

16 tekercset készít

41. Angol Muffin

½ csésze induló dobja el
2¾ csésze fehérítetlen univerzális liszt, osztva
1 csésze tej
1 T. kristálycukor
1 tk. szódabikarbóna
¾ tk. só
Kukoricadara porozáshoz
Egy nagy keverőtálban keverje össze az előételt és 2 csésze lisztet. Fedje le műanyag fóliával, és tegye szobahőmérsékleten 8-10 órára vagy egy éjszakára.
Adjuk hozzá a maradék lisztet, a tejet, a cukrot, a szódabikarbónát és a sót, és jól keverjük össze. A tésztát lisztezett munkalapra borítjuk, és simára és rugalmasra gyúrjuk (4-5 perc).
Nyújtsa ki vagy verje ki a tésztát ½ hüvelyk vastagra, és vágja ki az angol muffinokat egy 3 hüvelykes keksz- vagy pogácsaszaggatóval. Mielőtt újra feltekerné a maradékot, hogy további muffinokat vágjon, hagyja a tésztát 10 percig pihenni.
Szórjunk kukoricalisztet egy tepsire vagy pergamenre, és helyezzük rá a muffinokat. A muffinokat legalább 1 órán át szobahőmérsékleten állni hagyjuk.
Enyhén zsírozzon ki egy serpenyőt vagy serpenyőt (az öntöttvas működik a legjobban). Melegítsd fel közepesen alacsonyra, majd süsd az angol muffinokat oldalanként körülbelül 6 percig, vagy amíg meg nem sülnek és aranybarnára sülnek a tetejük. Ügyeljen arra, hogy a hőt elég alacsonyan tartsa, hogy a muffinok átsüljenek anélkül, hogy megégnének. Tegye a muffinokat rácsra vagy papírtörlőre, hogy teljesen kihűljenek. Ahelyett, hogy késsel felvágnád az angol muffinokat, villával szúrj ki lyukakat a széleibe, majd tépd szét.
12 db muffin készül belőle

42. Minden bagel

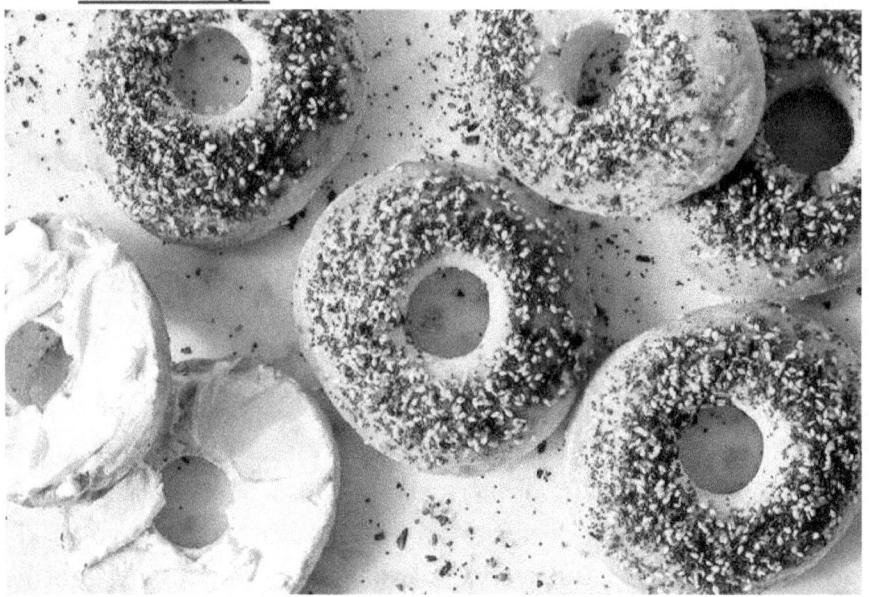

Hozzávalók minden fűszeres fűszerezéshez:
2 T. mák
1 T. plusz 1 tk. szárított darált hagyma
1 T. plusz 1 tk. szárított darált fokhagyma
1 T. fehér szezámmag
1 T. fekete szezámmag
2 tk. durva só vagy durva tengeri só
1 adag sima bagel, előforralásra és sütésre készen (lásd a Bagel receptjét a 66. oldalon)

A Minden fűszerfűszer elkészítéséhez a bagel kivételével az összes hozzávalót összekeverjük egy kis edényben, szorosan záródó fedéllel.

Amint kivesszük a bageleket a forrásban lévő vízből, szilikonos sütőlapra vagy kivajazott sütőpapírra tesszük, és bőven megszórjuk a Minden fűszerfűszerrel. (A mag és a fűszerek még nedvesen tapadnak a bagelhez.) Süssük a Bagels receptje szerint.

12-15 bagelt készít belőle

43. Német rozs- és búzatekercs

Kovászos előétel
150 g. rozsliszt
150 g. víz
1 T. indító
Élesztő indító
150 g. teljes kiörlésű liszt
150 g. víz
1,5 g. élesztő (instant vagy aktív száraz)
Német rozs- és búzatekercs
Kovászos előétel
Élesztő indító
450 g. teljes kiörlésű liszt
250 g. rozsliszt
18 g. só
3 g. élesztő (instant vagy aktív száraz)
1 tk. árpamaláta szirup (egyenlő mennyiségű melaszt vagy mézet helyettesíthet)

Az éjszaka előtt:

Egy széles szájú literes befőttesüvegben vagy kis keverőedényben keverje össze a kovászos alapanyagokat, és addig keverje, amíg jól össze nem áll. Fedjük le műanyag fóliával a tetejét, és hagyjuk szobahőmérsékleten körülbelül 12 órán át vagy egy éjszakán át.

Egy külön széles szájú literes befőttesüvegben vagy kis keverőedényben keverje össze az élesztő indító hozzávalóit, és addig keverje, amíg jól össze nem áll. Fedjük le műanyag fóliával a tetejét, és hagyjuk szobahőmérsékleten körülbelül 12 órán át vagy egy éjszakán át.

A következő reggel:

Egy nagy keverőtálban keverje össze az összes hozzávalót. Kézzel addig keverjük, amíg a száraz liszt már nem marad (vagy amennyire csak lehet). Fedjük le a tálat műanyag fóliával, és hagyjuk a tésztát 30 percig szobahőmérsékleten állni, hogy a lisztek hidratálódjanak. Nyújtsa ki és hajtsa össze a tésztát 30 perces időközönként, letakarva a tésztát az egyes munkamenetek között, legalább hatszor, vagy amíg a tészta sima és könnyű lesz.

Vágja a tésztát 18 egyenlő részre, és formálja a darabokból batardokat (ezek torpedókra hasonlítanak). Helyezze a tekercseket szilikon sütőlappal vagy sütőpapírral bélelt tepsire. A tekercseket letakarjuk konyharuhával, és szobahőmérsékleten 45-60 percig pihentetjük.

Melegítsük elő a sütőt 400°-ra. Közvetlenül sütés előtt vágja le minden tekercs tetejét hosszában, középen. Süssük 15-20 percig, vagy amíg enyhén megpirul. Kivesszük a sütőből, és rácsra tesszük kihűlni a tekercseket. 18 tekercset készít

44. Hamburger zsemle

430 g. fehérítetlen univerzális liszt, osztva
240 g. tej, enyhén meleg
60 g. aktív indító
2 tojás, osztva
2 T. kristálycukor
1 tk. aktív száraz élesztő
1 tk. só
3 T. vaj, szobahőmérsékletre lágyítva
2 tk. szezámmag (elhagyható)

Tésztakampóval ellátott állványmixerben keverj össze 300 gramm lisztet a tejjel, az előtéttel, 1 tojással, valamint a cukorral, az élesztővel és a sóval. Lassú vagy közepes sebességgel verjük, amíg bozontos tészta nem lesz. Fedje le a keveréket nedves ruhával vagy műanyag fóliával, és hagyja a tésztát 30 percig pihenni.

Továbbra is a tésztakampót használva dagasszuk a tésztát 7-8 percig, fokozatosan hozzáadva a maradék lisztet és a vajdarabkákat. A tésztának lágynak és ragacsosnak kell lennie, de el kell tudni húzódni a tál szélétől.

Spatula vagy tésztakaparó segítségével egy nagy, kivajazott keverőtálba öntsük a tésztát. Fedje le a tálat műanyag fóliával, és hagyja pihenni szobahőmérsékleten 2-3 órán keresztül, vagy amíg a tészta körülbelül a duplájára nem nő.

A tésztát lisztezett munkalapra borítjuk, és 8 egyenlő részre osztjuk. Formázz a tésztából szoros golyókat, mint egy kerek cipót. Helyezze a megformázott zsemléket egymástól hüvelyknyire vagy nagyobb távolságra egy szilikon sütőlappal vagy sütőpapírral bélelt tepsire. Fedjük le a zsemléket nedves konyharuhával, és hagyjuk kelni szobahőmérsékleten 1,5-2 órán keresztül, vagy amíg körülbelül megduplázódik, és az oldaluk összeér.

Melegítsük elő a sütőt 375°-ra.

A második tojást 2 evőkanál vízzel felverjük, a zsemle tetejét megkenjük a tojásmosóval. Ha használod, szórd meg a zsemléket szezámmaggal. Süssük a zsemléket 20-22 percig, vagy amíg aranybarna nem lesz. Vegyük ki a zsemléket a sütőből, és szeletelés előtt tegyük rácsra hűlni körülbelül 20 percig. 8 zsemlét készít

45. Hot Dog Zsemle

1 csésze tej, 100 fokra melegítve
3 T. kristálycukor
½ csésze aktív starter, vagy ½ csésze eldobott plusz 1 teáskanál. instant élesztő
400 g. kenyérliszt vagy fehérítetlen univerzális liszt
2 T vaj, szobahőmérséklet, plusz 2 T. olvasztott vaj a zsemle tetejének megkenéséhez
1 tk. só

A tésztahoroggal felszerelt állványmixer táljában a tejet és a cukrot addig keverjük, amíg a cukor fel nem oldódik. Adjuk hozzá az indítót (és az élesztőt, ha használjuk), és keverjük össze. Hozzáadjuk a lisztet, és kis sebességgel addig keverjük, amíg tészta nem formálódik. Adjuk hozzá a szobahőmérsékletű vajat apró darabokban, majd a sót; gyúrja a tésztát közepes sebességgel körülbelül 5 percig, vagy amíg a tészta sima nem lesz.

Tegye át a tésztát egy nagy, kivajazott keverőtálba, és fedje le a tálat műanyag fóliával. Hagyja a tésztát körülbelül a duplájára kelni szobahőmérsékleten – körülbelül 3 órát, ha élesztőt használtunk, vagy 8-10 órát, ha csak előételt használtunk.

A tésztát lisztezett munkalapra borítjuk, és 8 egyenlő részre osztjuk. Fedjük le műanyag fóliával, és hagyjuk 20-30 percig pihenni.

Formáljon minden darabot körülbelül 6 hüvelyk hosszú, sima rönkké. Helyezze a zsemléket szilikon sütőlappal vagy sütőpapírral bélelt tepsire, legalább egy centire egymástól. Fedjük le a zsemléket zsírozott műanyag fóliával vagy nedves konyharuhával, és hagyjuk kelni 1-2 órán keresztül, vagy amíg körülbelül a duplájára nő.

Melegítsük elő a sütőt 350°-ra. Süsse a hot dog zsemlét 28-30 percig, vagy amíg aranybarna nem lesz. A sütőből kivéve azonnal megkenjük a zsemléket az olvasztott vajjal. Szeletelés előtt hagyjuk teljesen kihűlni a zsemléket.

8 zsemlét készít

46. Éjszakai kekszek

Indító
240 g. víz
240 g. Liszt
1-2 T. indító
Keksz
140 g. (1 csésze) fehérítetlen univerzális liszt
1 T. kristálycukor
1 tk. szódabikarbóna
½ teáskanál. só
120 g. (½ csésze) hideg vaj, apró kockákra vágva
Kezdő, amit korábban készítettél
Az éjszaka előtt:
Egy közepes méretű keverőtálban keverjük össze az összes hozzávalót. Fedjük le, és hagyjuk állni egy éjszakán át a pulton a reggeli kekszhez, vagy amíg körülbelül a duplájára nő, és ha aznap sütjük (4-6 óra).
A következő reggel:
Egy nagy keverőtálban keverjük össze a lisztet, a cukrot, a szódabikarbónát és a sót. Villával vagy botmixerrel vágja bele a vajat, amíg a keverék durva morzsára nem hasonlít. Adjuk hozzá az indítót, és villával keverjük össze. Ha szükséges, adjunk hozzá egy kis lisztet vagy tejet, hogy a tészta puha és nedves legyen, és alig húzódik el a tál szélétől. A tésztát lisztezett munkalapra borítjuk, és néhány percig dagasztjuk, szükség szerint adjunk hozzá lisztet, hogy a ragacsosságot minimálisra csökkentsük.
Lisztezett sodrófával nyújtsuk ki a tésztát körülbelül fél hüvelyk vastagra. Lisztezett kekszvágóval vagy éles késsel vágjuk 2 hüvelykes kekszekre. Helyezze a kekszet egy tepsire, vagy terítse ki a ropogósabb oldalakért, vagy úgy, hogy az oldala érintkezzen a lágyabb kekszekhez. A kekszet letakarjuk és kb 2 órát kelesztjük.
Melegítse elő a sütőt 375°-ra. Süssük a kekszet 20-25 percig, vagy amíg világos aranyszínű nem lesz.
Körülbelül 8 kekszet készít belőle

47. Pizza kéreg

240 g. indító
240 g. víz
3 T. olívaolaj
360 g. liszt (az univerzális jó, de a kenyérliszt rágósabb kérget képez)
2 tk. só
Kezdje 1 vagy 2 nappal azelőtt, hogy pizzát tervez.
Egy közepes keverőtálban keverjük össze az indítót, a vizet és az olívaolajat. Adjuk hozzá a lisztet és a sót, és jól keverjük össze; a tészta puha és ragacsos lesz. Fedjük le a tálat műanyag fóliával, és hagyjuk a tésztát 30 percig pihenni.
Félórás időközönként nyújtsuk és hajtsuk össze a tésztát összesen 4-szer, minden alkalommal letakarva a tálat. Fedjük le a tésztát, és hagyjuk szobahőmérsékleten 4 órán át pihenni.
A tésztát lisztezett munkalapra borítjuk, és 3 egyenlő részre osztjuk. Formázz a tésztából golyókat, majd tedd be őket 3, egy fél literes, jól olajozott tárolóedénybe. Fedjük le az edényeket (ebben az esetben a fedők megfelelőek, vagy használjunk gumiszalaggal lenyomott műanyag fóliát), és tegyük hűtőbe a tésztát egy éjszakára. Használat előtt a tésztát körülbelül 5 napig hűtőszekrényben tárolhatja, vagy több réteg műanyag fóliába csomagolva akár egy hónapig is lefagyaszthatja.
Ha készen áll a sütésre, a tésztát kivesszük a hűtőből, és lisztezett munkalapra borítjuk. A tésztát letakarjuk egy törülközővel, és 30 percig pihentetjük. Kézzel finoman simítsa el és nyújtsa ki a tésztát körülbelül 10 hüvelyk átmérőjű vékony körré. Ha a tészta túlzottan visszaugrik, takarja le és hagyja még 15 percig pihenni, majd próbálkozzon újra. Adja hozzá a kívánt feltéteket a kéreghez.
Melegítsük elő a sütőt 450-500°-ra. Süsse a pizzát 8-10 percig, vagy amíg kész.
3 pizzahéjat készít

48. <u>Perec</u>

1½ csésze indító (eldobható, jó használni)
1 csésze tej, enyhén meleg
2 T. vaj, puha
1 T. kristálycukor
4 csésze fehérítetlen univerzális liszt
1 T. szódabikarbóna
1 tojás felvert 1 T. vízzel a tetejének megkenéséhez
2 tk. durva só a szóráshoz

A tésztacsatlakozóval ellátott állványkeverő edényében a legalacsonyabb sebességgel keverje össze az indítót, a tejet, a vajat és a cukrot. Adjuk hozzá a lisztet és keverjük alacsony sebességgel 5 percig.

Kenjünk ki egy nagy keverőedényt, és kaparjuk ki a tésztát az állványkeverőből a keverőtálba. Fedjük le műanyag fóliával, és hagyjuk szobahőmérsékleten 2 órán át.

A tésztát lisztezett munkalapra borítjuk, és körülbelül 3 percig óvatosan dagasztjuk. A tésztát 12 egyenlő részre vágjuk vagy szaggatjuk. Minden tésztadarabot egy hosszú, körülbelül 1 hüvelyk vastagságú kötéllé tekerjen. Formázzunk minden darabot perec alakúra, majd helyezzük a pereceket szilikon sütőlappal vagy sütőpapírral bélelt tepsire; 25 percre lefagyasztjuk.

Melegítsük elő a sütőt 450°-ra.

Amíg a perec a fagyasztóban van, egy nagy fazékba töltünk vizet, és keverjük hozzá a szódabikarbónát, hogy feloldódjon. A vizet erős forrásig melegítjük. Vegyük ki a pereceket a fagyasztóból és tegyük a forrásban lévő vízbe, ügyelve arra, hogy ne zsúfolják össze őket, és forraljuk 30 másodpercig. Szűrőkanállal vegyük ki a pereceket, és helyezzük vissza az előkészített tepsire. A pereceket megkenjük a tojásmosóval, és megszórjuk durva sóval.

Süssük 15-18 percig, vagy amíg világos aranybarna nem lesz. A pereceket rácsra tesszük kihűlni.

12 perec készül

49. Gyors keksz

1 csésze fehérítetlen univerzális liszt vagy kenyérliszt
2 tk. sütőpor
½ teáskanál. só
½ tk. szódabikarbóna
6 T. nagyon hideg vaj, apró kockákra vágva
1 csésze indító (eldobható)
Melegítsük elő a sütőt 425°-ra.

Egy közepes keverőtálban keverjük össze a lisztet, a sütőport, a sót és a szódabikarbónát. A vajat villával vagy pogácsaszaggatóval vágjuk bele a lisztes keverékbe, amíg a keverék durva morzsaszerűvé nem válik. Hozzáadjuk az előételt, és egy kanállal addig keverjük, amíg a liszt nagyjából össze nem áll. Gyúrjuk a tésztát a tálban a kezünkkel körülbelül egy percig, amíg a tészta összeáll.

A tésztát lisztezett munkalapra borítjuk, majd ¾ hüvelyk vastagra nyújtjuk. Lisztezett kekszvágóval vagy éles késsel felvágjuk a kekszet. Gyűjtsd össze a maradékokat, sodord ki újra, és vágj több kekszet, hogy minél több legyen. (Nekem általában egy kisebb, formás formájú kekszet teszek a végén, de az is olyan jó, mint a szépek!)

Helyezze a kekszet egy ki nem zsírozott tepsire, vagy terítse ki a ropogósabb oldalakért, vagy úgy, hogy az oldala érintkezzen a lágyabb kekszhez.

Süssük 12-15 percig, vagy amíg kész. (Ha a keksz összeér, eltarthat még néhány percig, amíg teljesen megsül.)

Körülbelül 8 kekszet készít belőle

50. Gyors írós keksz

2 csésze fehérítetlen univerzális liszt
2 tk. kristálycukor
2 tk. sütőpor
1 tk. só
¾ tk. szódabikarbóna
½ csésze (1 rúd) nagyon hideg vaj
1 csésze aktív starter
½ csésze író

Melegítsük elő a sütőt 425°-ra. Egy tepsit kibélelünk szilikon sütőlappal vagy sütőpapírral, és egyelőre félretesszük.

Egy nagy keverőtálban keverjük össze a lisztet, a cukrot, a sütőport, a sót és a szódabikarbónát. A vajat nagyon apró darabokra vágjuk, vagy egy reszelő nagy lyukain feldaraboljuk. Adjuk hozzá a lisztes keverékhez, és keverjük össze, hogy a vajdarabkákat végig keverjük. Egy közepes keverőtálban keverjük össze az előételt és az írót. Adjuk hozzá az előételkeveréket a lisztes keverékhez, és keverjük (gumi spatula jól működik, mert munka közben megtisztíthatja az edény oldalát), amíg lágy tészta nem kezd képződni. A tésztát enyhén lisztezett munkalapra borítjuk, és többször átgyúrjuk, amíg összeáll.

Nyújtsa ki vagy simítsa ki a tésztát körülbelül 1,5 hüvelyk vastagra. Vágja fel 8-10 kekszre 2 hüvelykes kekszvágó vagy éles késsel. Helyezze a kekszet egy ki nem zsírozott tepsire, vagy terítse ki a ropogósabb oldalakért, vagy úgy, hogy az oldala érintkezzen a lágyabb kekszhez.

Süssük 12-15 percig, vagy amíg kész. (Ha a keksz összeér, eltarthat még néhány percig, amíg teljesen megsül.)

8-10 kekszet készít belőle

51. Rusztikus laposkenyér

2 csésze fehérítetlen univerzális liszt
1 tk. só
1 tk. sütőpor
1 csésze indító eldobni
½ csésze tej
1 T. olívaolaj, plusz még a főzéshez és a laposkenyér ecseteléséhez
Ön által választott feltét (opcionális)
Egy nagy keverőtálban keverjük össze a lisztet, a sót és a sütőport. Adjuk hozzá az előételt, a tejet és az 1 evőkanál olívaolajat, és egy nagy kanállal keverjük addig, amíg a tészta képződni nem kezd. (A kezeimet a kanállal való kis kevergetés után használom.)
A tésztát lisztezett munkalapra borítjuk, és óvatosan gyúrjuk vagy nyújtsuk és hajtogatjuk néhány percig, szükség szerint adjunk hozzá lisztet, amíg a tészta sima és már nem ragad. Csomagolja be a tésztagolyót műanyag fóliával, és hagyja szobahőmérsékleten 30 percig állni.
Melegíts elő egy öntöttvas serpenyőt közepesen magas hőfokra.
Vágja a tésztát 6 egyenlő részre, és nyújtsa ki mindegyik darabot körülbelül ¼ hüvelyk vastagra. A laposkenyér egyik oldalát vékonyan megkenjük olívaolajjal, és olajozott oldalukkal lefelé helyezzük a felforrósított serpenyőre. Süssük a lapos kenyeret körülbelül 1½ percig; Kenjük meg olajjal a laposkenyér felső oldalát, majd fordítsuk meg, hogy a másik oldalát is megsütjük kb. 1 percig. Az összes darabot ugyanúgy megsütjük, a lepénykenyéreket duplájára tett konyharuhával letakart tányérra halmozva, hogy melegen maradjanak.
Ezek a lapos kenyerek sima ízűek, de ha megfordítod őket, hogy a második oldalukat megsüthesd, tetszőleges feltétet megszórhatsz. Néhány jó lehetőség közé tartozik a durva só, a darált fokhagyma és/vagy hagyma, a finomra reszelt kemény sajt és a frissen vágott vagy szárított fűszernövények.
6-ot tesz ki

52. Zsályás krutonok

6 szelet kovászos kenyér, felkockázva
4 T. olívaolaj
4 T. vaj, olvasztott
4 T. darált friss zsálya

Helyezze a kenyérkockákat egy kis tálba; meglocsoljuk olajjal, olvasztott vajjal és zsályával. Dobd őket bevonatba.

Süssük a kenyérkockákat a tűzhelyen közepes lángon aranybarnára, kevergetve minden oldalukat megsütjük (6-8 perc).

Az adagok a szeletek méretétől függően változnak, de általában körülbelül 6 csészét kapok.

53. Lassú kelésű rozsbagel

Indító
1 csésze fehérítetlen univerzális vagy kenyérliszt
1 csésze víz
½ csésze aktív starter
½ csésze rozsliszt
Bagels
2 csésze rozsliszt
1 T. árpamaláta szirup, vagy helyettesítheti azonos mennyiségű mézzel, melaszszal vagy barna cukorral
2 tk. köménymag
1 tk. só
1 t szódabikarbóna (második napon történő főzéshez)
1 T. barnacukor (második napi főzéshez)
Az éjszaka előtt:
Este keverje össze az összes hozzávalót egy nagy keverőtálban, fedje le a tálat műanyag fóliával, és tegye a pultra egy éjszakára.
A következő reggel:
Az aktív előételt tartalmazó tálba tegyük bele az összes bagel hozzávalót, és keverjük össze, amennyire csak tudjuk. Fedjük le a tálat, és hagyjuk a tésztát 30 percig pihenni (bozontos lesz és nem túl összeálló). A pihentetés után a tésztát lisztezett munkalapra borítjuk, és 10 percig dagasztjuk – dagaszthatjuk hagyományos módon, vagy folyamatos nyújtással és hajtogatással a megadott ideig. Ha szükséges, adjunk hozzá még rozslisztet dagasztás közben. (Ez kemény munka lesz!)
Lazán fedje le a tésztát műanyag fóliával, hagyjon elegendő helyet a tészta kitágulásához, és hagyja állni szobahőmérsékleten 8-12 órán keresztül, vagy amíg körülbelül a duplájára nő.
A tésztát enyhén lisztezett munkalapra borítjuk, és 16 egyenlő részre vágjuk. Fedjük le az adagokat, és hagyjuk 30 percig szobahőmérsékleten pihenni, hogy a tészta kissé ellazuljon. Kezével minden tésztadarabot sodorjon egy 6 hüvelyk hosszú kötéllé, majd formálja a tésztát kör alakúra, a végeit összecsípve fánk alakúra. Helyezze ki a bageleket egymástól legalább egy hüvelyknyi távolságra egy nagy tepsire, amelyet szilikon sütőlappal vagy

kivajazott sütőpapírral béleltek ki. Fedjük le őket műanyag fóliával, és hagyjuk szobahőmérsékleten kelni 1 órán át. A bageleket még lefedve egy éjszakára hűtőbe tesszük.

Reggel vegyük ki a bejgliket a hűtőből, és hagyjuk szobahőmérsékleten pihenni legalább egy órát, vagy amíg szobahőmérsékletűek nem lesznek.

Melegítsük elő a sütőt 425°-ra. Készíts elő egy nagy tepsit (lehet, hogy 2 tepsit kell használnod) úgy, hogy kibéleled szilikon sütőlappal vagy sütőpapírral.

Tölts meg egy nagy edényt vízzel, és adj hozzá 1 evőkanál szódabikarbónát és barna cukrot; feloldódásig keverjük. Forraljuk fel a vizet erősen.

Adjuk hozzá a bageleket a forrásban lévő vízhez, ügyelve arra, hogy ne zsúfolják össze őket. Forraljuk 20 másodpercig, fordítsuk meg, és forraljuk a második oldalukat körülbelül 15 másodpercig. Szúrókanállal vegyük ki őket, és tegyük egy tiszta konyharuhára.

Amikor az összes bagelt megfőtt, helyezze vissza őket a tepsire, és süsse 20-30 percig, vagy amíg aranybarna nem lesz a teteje és kész. Rácsra tesszük kihűlni.

12 bagelt készít

54. Búza bagel

2½-3 csésze fehérítetlen univerzális liszt
1 csésze aktív starter
1 csésze teljes kiőrlésű liszt
1 csésze víz
3 T. barna cukor, osztva
2 tk. só
1½ teáskanál. instant élesztő
1 tojás, 2 T. vízzel felverve a bagelek megkenéséhez

Egy nagy keverőtálban keverjünk össze 2½ csésze univerzális lisztet az előételtel, a teljes kiőrlésű liszttel, vízzel, 2 evőkanál barna cukorral, valamint a sóval és az élesztővel. A tésztát lisztezett munkalapra borítjuk, és körülbelül 5 percig dagasztjuk, a maradék lisztet szükség szerint, de a lehető legkevesebb felhasználásával dagasztjuk.

Helyezze a tésztát egy nagy, zsírozott tálba, és fedje le a tálat műanyag fóliával. A tésztát 30 percig szobahőmérsékleten kelesztjük.

A tésztát enyhén lisztezett munkalapra borítjuk, és 12 egyenlő részre vágjuk. Kezével minden tésztadarabot sodorjon egy 6 hüvelyk hosszú kötéllé, majd formálja a tésztát kör alakúra, a végeit összecsípve fánk alakúra. A bageleket szilikon sütőlapra vagy kikent sütőpapírra fektetjük. Fedjük le a bageleket műanyag fóliával, és hagyjuk szobahőmérsékleten kelni 1 órát.

Melegítsük elő a sütőt 425°-ra. Egy nagy tepsit kibélelünk szilikon sütőpapírral vagy sütőpapírral. Egyelőre tedd félre.

Tölts meg egy nagy edényt vízzel, és keverd hozzá a maradék evőkanál barna cukrot; a vizet erősen felforraljuk.

Csepegtessük a bageleket, egyenként, a forrásban lévő vízbe, ügyelve arra, hogy ne zsúfolják össze őket. Körülbelül 20 másodpercig forraljuk, majd fordítsuk meg őket (egy lyukas kanalat használjunk), hogy a második oldalukat további 15-20 másodpercig főzzük. Vegyük ki a bageleket, és tegyük az előkészített tepsire. Kenjük meg a bagelek tetejét tojásmosóval, és süssük 25 percig, vagy amíg a tetejük megpirul. Rácsra tesszük kihűlni.

12 bagelt készít

55. Búza pizza kéreg

1½ csésze aktív starter
¾ csésze teljes kiőrlésű liszt
¾ csésze fehérítetlen univerzális vagy kenyérliszt
2 T. növényi olaj
1 T. méz
1 tk. só
1 púpozott tk. szárított oregánó levelek
1 púpozott tk. szárított bazsalikom levelek
¼ tk. fokhagyma por
¼ tk. hagymapor
¼ csésze víz, többé-kevésbé

Egy nagy keverőtálban keverje össze az előételt, a liszteket, az olajat, a mézet, a sót, a gyógynövényeket és a fűszereket. Hozzáadjuk a vizet, apránként, és közben keverjük, csak annyi vizet adjunk hozzá, hogy ne maradjon száraz lisztdarabka. Gyúrjuk a tésztagolyót egy-két percig, fedjük le a tálat műanyag fóliával vagy nedves konyharuhával, és hagyjuk szobahőmérsékleten 2-3 órán át állni.

Melegítsük elő a sütőt 450°-ra. Vágjon egy darab sütőpapírt, amely valamivel nagyobb, mint a pizza, a sütőkő vagy az öntöttvas serpenyő, amelyet a tészta sütéséhez használni kíván, és egyelőre tegye félre. Helyezzen egy tepsit a sütő alsó rácsára, majd tegyen egy pizzakövet vagy öntöttvas serpenyőt a sütő középső rácsára, hogy előmelegítse.

Enyhén lisztezzük meg a sütőpapírt. Enyhén lisztezzük meg a tésztát, majd nyújtsuk ki vagy simítsuk át a tésztát, hogy illeszkedjen a sütőpapírhoz. Villával szúrjunk ki néhány lyukat a tésztába, majd hagyjuk a tésztát 15 percig szobahőmérsékleten pihenni.

Tegye át a héjat (még a sütőpapíron) az előmelegített pizzakőre vagy serpenyőre, és süsse 8 percig. Vegyük ki a sütőből, és adjunk hozzá tetszőleges feltéteket. Tegye vissza a pizzát a sütőbe, és süsse további 12-15 percig, vagy amíg kész.

1 nagy pizzatésztát készít

REGGELI finomságok

56. Apple Fritters

3 csésze kockára vágott alma, meghámozva vagy héjával meghagyva
1 csésze indító (eldobható)
½ teáskanál. őrölt fahéj
¼ tk. só
¼ tk. szódabikarbóna
Olaj a sütéshez
Fahéjas cukor a szóráshoz (elhagyható)

Helyezze a felkockázott almát egy nagy keverőtálba. Lassan adjuk hozzá az indítót, közben óvatosan keverjük, amíg össze nem áll. (Ha azt szeretné, hogy az almadarabokat jól bevonja az előétel, ezért előfordulhat, hogy ehhez még egy kis előételt kell hozzáadnia – ez segít, hogy a rántások egyben maradjanak sütés közben.)

Keverje össze a fahéjat, a sót és a szódabikarbónát, és óvatosan keverje hozzá az almához. Hagyja pihenni a keveréket, amíg felmelegíti az olajat a sütéshez.

Öntsön körülbelül 2 hüvelyk olajat egy nehéz, öntöttvas mély serpenyőbe, és melegítse 360-370 °C-ra. Csepegtesse a rántott tésztát a forró olajba, ügyelve arra, hogy ne zsúfolja össze őket. Mindkét oldalát 2-3 percig sütjük, vagy amíg aranybarna nem lesz. Egy lyukas kanál segítségével tedd a rántásokat papírtörlőre, hogy lecsepegjen. Ha használjuk, megszórjuk fahéjas cukorral és tálaljuk. Körülbelül 20 kis vagy 12 nagy rántást készít

57. <u>Apple Fritters on the Fly</u>

Maradék előétel (¼ csésze kis adaghoz, akár 1 csésze vagy több egy család számára)
2-4 alma kimagozva, meghámozva és felkockázva
¼-½ teáskanál. fahéj
⅛ - ¼ teáskanál. szódabikarbóna
⅛ tk. só
2-4 T kristálycukor (opcionális)
Megjegyzés: Nem kell kidobni a megmaradt indítót, miután frissített egy új tételt. Ehelyett próbálja ki ezt a receptet. A mennyiségeket „szemezheti", mert ezzel az egyszerű recepttel semmi baj nem lehet.
Az összes hozzávalót jól összekeverjük, ízlés szerint adjuk hozzá a cukrot, ha az édesebb rántást kedveli. Egy öntöttvas serpenyőben (ha van) vagy más alkalmas serpenyőben hevíts fel körülbelül ½ hüvelyk olajat. Használjon magas füstpontú olajat, például avokádóolajat vagy ghí-t (bár gyakran használok disznózsírt vagy növényi olajat, és nem okoz gondot, ha gondosan figyelem a serpenyőmet). Egy-két evőkanál tésztát tegyünk a forró olajba, és süssük az egyik oldalát körülbelül 3 percig; fordítsa meg és süsse a másik oldalát is 2-3 percig, vagy amíg kész. Törölje le a rántott tésztát papírtörlőre, és enni simán, vagy juharsziruppal, fahéjas cukorral vagy porcukorral a tetejére. Vagy készítsen mázat porcukorral és tejjel, kis mennyiségben adva hozzá a tejet, majd addig keverve, amíg olyan állagot nem kap, amivel elégedett.
Az összegek attól függően változnak, hogy mennyi induló marad

58. Almás palacsinta

180 g. tej
120 g. fehérítetlen univerzális liszt
225 g. indító
14 g. vaj, megolvasztjuk és kissé lehűtjük
14 g. sütőpor
13 g. kristálycukor (ha fanyar alma, használjon egy kicsit többet)
6 g. só
5 g. őrölt fahéj
1 alma meghámozva, kimagozva, nyolcadokra vágva és keresztben vékonyra szeletelve

Egy közepes keverőtálban keverje össze a tejet és a lisztet; 20 percig szobahőmérsékleten állni hagyjuk.

Adjuk hozzá a többi hozzávalót és jól keverjük össze. Hajtsa bele az almaszeleteket.

Palacsintánként öntsön ¼ csésze tésztát egy felforrósított és kivajazott serpenyőbe vagy serpenyőbe, és főzze körülbelül 3 percig; fordítsd meg a palacsintákat, és süsd készre a második oldalát (kb. 2 perc).

A palacsinták száma az egyes palacsinták méretétől függően változik

59. Szalonnás reggeli rakott

4-5 csésze kovászos kenyér, 1 hüvelykes kockákra vágva
8 tojás
1¼ csésze tej
1 csésze reszelt cheddar sajt
½ teáskanál. só
½ teáskanál. bors
2 T. apróra vágott zöldhagyma (opcionális)
12 szelet bacon, megfőzve és összemorzsolva
Az éjszaka előtt:
Vajazz ki vagy kenj ki egy 9 × 13 hüvelykes sütőedényt. A kenyérkockákat egyenletesen rétegezzük az aljára.
Egy nagy keverőtálban verjük fel a tojásokat; adjuk hozzá a tejet, a sajtot, a sót, a borsot és a zöldhagymát (ha használjuk), és keverjük össze. Adjuk hozzá a szalonnát, és keverjük újra jól össze. Öntsük a tojásos keveréket a sütőedényben lévő kenyérkockákra, és óvatosan keverjük össze és nyomjuk meg a masszát, hogy a tojások a tepsi aljára hatoljanak, és az összes hozzávaló teljesen beépüljön. A tepsit alufóliával letakarjuk és egy éjszakára hűtőbe tesszük. (Ha ugyanazon a reggelen készíted el, amikor el szeretnéd fogyasztani, sütés előtt hagyd állni szobahőmérsékleten kb. 45 percig.)
A következő reggel:
Melegítsük elő a sütőt 350°-ra. Süssük a tepsit 30 percig, majd vegyük le az alufóliát, és süssük tovább 25-35 percig, vagy amíg a közepébe szúrt kés tisztán ki nem jön. Tálalás előtt 5 percig hűtjük.
8-at szolgál ki

60. Áfonya palacsinta

1½ csésze előétel (eldobható)
1 csésze tej (szobahőmérsékletű, ha van időd)
2 tojás (szobahőmérsékletű, ha van időd)
¼ csésze vaj, megolvasztjuk és kissé lehűtjük
1 tk. vaníliakivonat
1½ csésze fehérítetlen univerzális liszt
1 tk. szódabikarbóna
1 tk. sütőpor
½ teáskanál. só
1 pont áfonya (használhat friss, konzerv és lecsepegtetett, vagy fagyasztott bogyókat, amelyeket felengedett és lecsepegtetett)
Egy nagy keverőtálban keverje össze az előételt, a tejet, a tojást, a vajat és a vaníliakivonatot. Egyenként keverjük hozzá a száraz hozzávalókat, amíg jól el nem keveredik. Óvatosan beleforgatjuk az áfonyát.
Palacsintánként öntsön ¼ csésze tésztát egy felhevített és kiolajozott serpenyőbe vagy serpenyőbe, és főzze körülbelül 3 percig; fordítsd meg a palacsintákat, és süsd készre a második oldalát (kb. 2 perc).
A palacsinták száma az egyes palacsinták méretétől függően változik, de ez a recept bőven elegendő egy család számára

61. Áfonya gofri

2 csésze aktív indító
1 csésze friss áfonya
2 tojás, sárgája szétválasztva
2 T. vaj, megolvasztva és kissé lehűtve
2 tk. kristálycukor
1 tk. só
½-1 csésze fehérítetlen univerzális liszt
½ tk. szódabikarbóna 1 T. vízben feloldva

Egy közepes tálban keverjük jól össze az előételt, az áfonyát, a tojássárgáját, a vajat, a cukrot és a sót. A lisztet apránként adjuk hozzá, amíg sűrű, de önthető állagot nem kapunk, és a tészta csomómentes lesz.

A tojásfehérjét kemény habbá verjük, majd óvatosan beleforgatjuk a masszába.

Közvetlenül főzés előtt óvatosan keverjük hozzá a feloldott szódabikarbónát.

Főzd meg a gofrit a gofrisütőd utasításai szerint. A gofri tetejét megkenjük vajjal és sziruppal vagy porcukorral.

4-6 gofri készül

62. Brunch rakott

Kenéshez vaj

6 szelet kovászos kenyér, többé-kevésbé (4-5 csészére lesz szüksége)

1 lb. ömlesztett sertéskolbász, épp annyira megfőzve, hogy a rózsaszín kijöjjön, majd lecsepegtetjük

2 csésze cheddar sajt, reszelve

½ piros kaliforniai paprika, apróra vágva

¼ csésze apróra vágott zöldhagyma

3 tojás, felvert

1 doboz sűrített spárgaleves

2 csésze tej

¼ csésze csirkehúsleves vagy fehérbor

½ teáskanál. dijoni mustár

¼ tk. őrölt feketebors

Az éjszaka előtt:

Vajja ki a kenyeret és vágja kockákra; kikent vagy kivajazott 9 × 13 hüvelykes tepsibe tesszük. Megszórjuk a kenyeret kolbásszal, sajttal, kaliforniai paprikával és zöldhagymával.

Egy közepes keverőtálban keverje össze a tojást, a levest, a tejet, a húslevest vagy a bort, a mustárt és a borsot. Ráöntjük a kenyérkeverékre. Fedjük le a tepsit műanyag fóliával, és tegyük hűtőbe egy éjszakára.

A következő nap:

Sütés előtt 30 perccel vegyük ki a tepsit a hűtőből. Melegítsük elő a sütőt 350°-ra. Fedjük le és süssük 45-55 percig, vagy amíg a közepébe szúrt kés tisztán ki nem jön.

Vágás előtt 5 percig állni hagyjuk.

8-at szolgál ki

63. Hajdina palacsinta

1 csésze fehérítetlen univerzális liszt
1 csésze hajdinaliszt
2 T. kristálycukor
2 tk. sütőpor
1 tk. szódabikarbóna
½ teáskanál. só
1 ½ csésze tej
1 csésze nemrég etetett előétel
1 tojás, felvert
2 T. olaj

Egy nagy keverőtálban keverjük össze a lisztet, a cukrot, a sütőport, a szódabikarbónát és a sót. Adjuk hozzá a tejet, az előételt, a tojást és az olajat, és óvatosan keverjük össze. Ha a tészta túl sűrűnek tűnik, kevés tejet vagy vizet adhatunk hozzá a hígításhoz.

Öntsön palacsintánként legfeljebb ¼ csésze tésztát egy felforrósított és kiolajozott serpenyőbe vagy serpenyőbe, és főzze körülbelül 3 percig; fordítsd meg a palacsintákat, és süsd készre a második oldalát (kb. 2 perc).

Vajjal, sziruppal vagy lekvárral tálaljuk.

A palacsinták száma az egyes palacsinták méretétől függően változik, de ez a recept bőven elegendő egy család számára

64. Írós palacsinta

2 csésze univerzális liszt
2 T. kristálycukor
1½ teáskanál. sütőpor
½ tk. szódabikarbóna
½ teáskanál. só
1⅓ csésze író
1 csésze nemrég etetett előétel
1 tojás, felvert
2 T. növényi olaj

Egy keverőtálban keverjük össze a lisztet, a cukrot, a sütőport, a szódabikarbónát és a sót. Adjuk hozzá a többi hozzávalót és óvatosan keverjük össze.

Palacsintánként öntsön ¼ csésze tésztát egy felhevített és kiolajozott serpenyőbe vagy serpenyőbe, és főzze körülbelül 3 percig; fordítsd meg a palacsintákat, és süsd készre a második oldalát (kb. 2 perc).

A palacsinták száma az egyes palacsinták méretétől függően változik, de ez a recept bőven elegendő egy család számára

65. Fahéjas tekercs

Tészta
160 g. tej
115 g. vaj, olvasztott
1 tojás
100 g. aktív indító
24 g. kristálycukor
360 g. fehérítetlen univerzális liszt
5 g. só
Fahéjas töltelék
2 T. vaj
½ csésze kristálycukor
1 T. liszt
3 tk. őrölt fahéj
Zománc
2 T. vaj, szobahőmérsékletre lágyítva
½ csésze tejszínhab, szobahőmérsékletű
½ csésze porcukor
1-2 T. tej szükség szerint

Az éjszaka előtt:
Egy kis keverőtálban keverje össze a tejet és a vajat; hagyja a keveréket enyhén langyosra hűlni. Állványkeverővel és normál habverővel keverje össze a tojást, az előételt és a kristálycukrot; keverjük össze, hogy jól keveredjen. Járó mixer mellett lassan öntse hozzá a tejes keveréket, miközben egész idő alatt turmixolja. A lisztet és a sót apránként adjuk hozzá, és folytassuk a keverést körülbelül 2 percig, miközben keverés közben kaparjuk le az oldalát. Fedjük le a tálat nedves konyharuhával, és hagyjuk a tésztát 30 percig pihenni.
Csatlakoztassa a tésztakampót a keverőhöz, és közepes-alacsony sebességgel gyúrja a tésztát 6-8 percig. Ha nagyon ragacsos a tészta és nem húzódik el az oldala, adjunk hozzá még egy kis lisztet.
Egy közepes keverőtálat kivajazunk vagy kivajazunk, és áttesszük a tésztát a tálba. Fedjük le a tálat műanyag fóliával, és hagyjuk a tésztát 30 percig szobahőmérsékleten pihenni. Végezzen 2 nyújtást és hajtogatást 30 perces különbséggel, az egyes alkalmak között fedje le a tálat. Fedjük le a tálat műanyag fóliával, és hagyjuk a tésztát egy éjszakán át szobahőmérsékleten kelni.
A következő reggel:
Béleljünk ki egy 9 hüvelykes tortaformát sütőpapírral, és enyhén szórjuk rá a papírt. Egyelőre tedd félre.
Kenje meg, majd lisztezze ki a munkafelületet; az előkészített területet legyen elég nagy ahhoz, hogy a tésztát 12 × 16 hüvelykes téglalappá nyújtsa. Óvatosan fordítsa ki a tésztát az előkészített munkafelület közepére. Hagyja a tésztát körülbelül 15 percig pihenni, hogy a tészta ellazuljon. Ez a pihenőidő lehetővé teszi a tészta kinyújtását. A tészta 12 × 16 hüvelykes téglalappá görgetéséhez először lisztezzük meg a tészta felületét és a sodrófát. Ha a tészta ellenáll a kinyújtásnak, és visszapattan, hagyja még kb 5 percig pihenni, majd ismét nyújtsa ki.
Ha a tésztát kinyújtottuk, elkészítjük a fahéjas tölteléket úgy, hogy megolvasztjuk a vajat és hagyjuk kicsit kihűlni. Amíg az olvasztott vaj hűl, egy másik kis tálban összekeverjük a maradék fahéjas töltelék hozzávalóit.

Az olvasztott vajat megkenjük a tészta felületével; szórja meg a tészta felületét a fahéjas cukorkeverékkel, és hagyja, hogy a szélein ½ hüvelyk ne legyen fahéjas cukortól.

Forgassa a tésztát szoros hasábpá (lehet, hogy liszteznie vagy olajoznia kell a kezét, ha a tészta nagyon ragadós), az egyik 16 hüvelykes oldalról a másik 16 hüvelykes oldalra. Ha végzett a rönk hengerelésével, ügyeljen arra, hogy a varrat oldala lefelé legyen (a munkafelületen). Vágja a rönköt 8 darabra, körülbelül 2 hüvelyk vastagra, és tegye át őket az előkészített tortaformába. Konyharuhával letakarjuk, és enyhén puffadásig kelesztjük, körülbelül 2 órán keresztül.

Melegítsük elő a sütőt 350°-ra.

Süsse a fahéjas tekercseket 30-40 percig, vagy amíg a teteje világos aranybarna nem lesz. Hagyja pihenni a fahéjas tekercseket a serpenyőben 15 percig, mielőtt eltávolítja őket, még mindig sütőpapíron, rácsra, hogy tovább hűljön. Amíg a fahéjas tekercsek hűlnek, keverjük össze a máz hozzávalóit; Használjon elektromos keverőt a simább mázért, és apránként adjon hozzá tejet, amíg el nem éri a kenéshez kívánt állagot. Amikor a fahéjas tekercsek kihűltek, kenjük meg a mázat a tetejükön.

8 tekercset készít

66. Holland baba

Indító
160 g. víz
160 g. Liszt
1-2 T. indító
holland baba
6 T. vaj
320 g. előétel (előző este készült)
6 tojás, felvert
⅓ csésze tej
½ teáskanál. só

Az éjszaka előtt:
Egy nagy keverőtálban keverje össze az összes hozzávalót az előételhez. Fedjük le és tegyük a tálat a pultra, hogy egy éjszakán át keljen.

A következő reggel:
Melegítsük elő a sütőt 425°-ra. Helyezze a vajat egy nagy, öntöttvas mély serpenyőbe vagy holland sütőbe. Helyezze a serpenyőt a sütőbe, hogy a vaj felolvadjon, figyelje, hogy a vaj elolvadjon, de ne perzseljen meg.

Amíg a vaj olvad és a sütő előmelegszik, a nagy tálba, amelyben az előétel van, adjuk hozzá a tojást, a tejet és a sót. Addig keverjük, amíg a tészta nagyon sima nem lesz.

Sütőkesztyűvel vegye ki a serpenyőt a sütőből, és döntse meg úgy, hogy a belseje bevonatos legyen. Öntsük a masszát a tepsibe, és tegyük vissza a sütőbe. Süssük 15-20 percig, vagy amíg a holland baba aranybarna lesz a tetején, és felfújja a serpenyő oldalát.

Vágja fel a holland babát, mint egy pitét. A szeleteket simán vagy egy kis vajjal, porcukorral, juharsziruppal vagy friss bogyós gyümölcsökkel tálaljuk.

4-6-ig szolgál

67. Forró Gabona

2 csésze indító
1½ csésze víz
¼ tk. só
Egy közepes méretű serpenyőben keverjük össze az előételt, a vizet és a sót. Forraljuk fel, időnként megkeverjük, nehogy megsüljön az alja. Csökkentse a hőmérsékletet alacsony lángra, és főzze tovább néhány percig, vagy amíg kissé besűrűsödik. Egy kis tejjel, vajjal és ízlés szerint cukorral tálaljuk.
Körülbelül 4 adagot tesz ki

68. Könnyű és légies gofri

2 csésze aktív indító
2 tojás, sárgája szétválasztva
¼ csésze tej
2 T. vaj, megolvasztva és kissé lehűtve
1 T. kristálycukor
1 tk. só
½-1 csésze fehérítetlen univerzális liszt

Egy közepes keverőtálban keverjük össze az előételt, a tojássárgákat, a tejet, a vajat, a cukrot és a sót. Adjunk hozzá annyi lisztet, apránként, hogy önthető, de sűrű tésztát kapjunk, és jól keverjük össze, hogy ne legyen csomós a tészta. Fedjük le az edényt, és hagyjuk állni szobahőmérsékleten 1 és fél órát.

A tojásfehérjét kemény habbá verjük, majd óvatosan beleforgatjuk a masszába.

Főzd meg a gofrit a gofrisütőd utasításai szerint. A gofri tetejét megkenjük vajjal, sziruppal, lekvárral vagy gyümölccsel és édesített tejszínhabbal.

Körülbelül 6 gofri készül

69. Zabpehely palacsinta

1 csésze indító (eldobható)
1 csésze hengerelt zabpehely (régimódi nyers zabpehely)
1 csésze tej
1 tojás, felvert
2 T. vaj, olvasztott, plusz még vaj vagy olaj a főzéshez
2 T. kristálycukor
1 tk. sütőpor
1 tk. szódabikarbóna
½ teáskanál. só

Egy nagy keverőtálban keverje össze az előételt, a hengerelt zabot és a tejet; letakarva 30 percig pihentetjük a pulton.

Óvatosan keverjük hozzá a tojást, az olvasztott vajat, a cukrot, a sütőport, a szódabikarbónát és a sót.

Öntsön palacsintánként ¼ csésze tésztát egy felhevített és kivajazott serpenyőbe vagy serpenyőbe (az öntöttvas jól működik), és főzze körülbelül 3 percig; fordítsd meg a palacsintákat, és süsd készre a második oldalát (kb. 2 perc). Simán vagy vajjal, juharsziruppal vagy lekvárral tálaljuk.

A palacsinták száma az egyes palacsinták méretétől függően változik

70. Éjszakai palacsinta

Indító
1½ csésze fehérítetlen univerzális liszt
1 csésze tej
½ csésze indító (eldobni jó használni)
Tészta
2 tojás
2 T. vaj, megolvasztjuk, majd kissé lehűtjük
2 T. kristálycukor
1 tk. sütőpor
½ teáskanál. só

Az éjszaka előtt:
Egy nagy tálban keverjük össze a lisztet, a tejet és az indítót; letakarjuk és egy éjszakán át a pulton állni hagyjuk.

A következő reggel:
Egy külön tálban keverjük össze a tojást, a vajat, a cukrot, a sütőport és a sót. Ezt a keveréket kanalazzuk a kezdőkeverékhez, és óvatosan keverjük össze. Fedjük le a tálat, és hagyjuk pihenni körülbelül 15 percig.

Palacsintánként öntsön ¼ csésze tésztát egy felhevített és kiolajozott serpenyőbe vagy serpenyőbe, és főzze körülbelül 3 percig; fordítsd meg a palacsintákat, és süsd készre a második oldalát (kb. 2 perc).

A palacsinták száma az egyes palacsinták méretétől függően változik

71. Sütőtökös palacsinta

2 tojás, sárgája szétválasztva
300 g. író
150 g. aktív indító
80 g. sütőtök püré (sima)
180 g. fehérítetlen univerzális liszt
2 T. kristálycukor
1 tk. só
1 tk. szódabikarbóna
1 tk. sütőpor
½-¾ teáskanál. őrölt fahéj
⅛ tk. őrölt szerecsendió (opcionális)
¼ csésze vaj (½ rúd), olvasztott

A tojásokat szétválasztjuk: A fehérjét közepes méretű keverőtálba tesszük, és egyelőre félretesszük; tegyük a sárgáját egy másik közepes méretű keverőtálba. Habverővel a sárgáját törni; adjuk hozzá az írót, az előételt és a sütőtökpürét, majd keverjük újra, hogy az összetevők összeálljanak.

Egy nagy keverőtálban keverje össze a lisztet, cukrot, sót, szódabikarbónát, sütőport, fahéjat és szerecsendiót (ha használ). Adjuk hozzá az induló keveréket és keverjük össze. Ezután adjuk hozzá az olvasztott vajat, és keverjük újra, de annyira, hogy ne maradjon száraz lisztdarabka.

A tojásfehérjét habverővel vagy kézi mixerrel kemény habbá verjük, majd a masszába forgatjuk.

Palacsintánként öntsön ¼ csésze tésztát egy felhevített és kiolajozott serpenyőbe vagy serpenyőbe, és főzze körülbelül 3 percig; fordítsd meg a palacsintákat, és süsd készre a második oldalát (kb. 2 perc).

A palacsinták száma az egyes palacsinták méretétől függően változik

72. Gyors palacsinta

2 csésze fehérítetlen univerzális liszt
2 T. kristálycukor
2 tk. sütőpor
1 tk. szódabikarbóna
½ teáskanál. só
1 ½ csésze tej
1 csésze nemrég etetett előétel
1 tojás, felvert
2 T. olaj

A lisztet, a cukrot, a sütőport, a szódabikarbónát és a sót habosra keverjük. Adjuk hozzá a tejet, az előételt, a tojást és az olajat, és óvatosan keverjük össze.

Palacsintánként öntsön ¼ csésze tésztát egy felhevített és kiolajozott serpenyőbe vagy serpenyőbe, és főzze körülbelül 3 percig; fordítsd meg a palacsintákat, és süsd készre a második oldalát (kb. 2 perc).

Vajjal, sziruppal vagy lekvárral tálaljuk.

12-16 palacsintát készít

73. Gyors gofri

1 csésze indító vagy dobd ki
⅔ csésze tej
2 T. olaj
1 T. kristálycukor
2 tojás
1 csésze fehérítetlen univerzális liszt
1 tk. szódabikarbóna
Melegítse elő a gofrisütőt.
Egy közepes keverőtálban adjuk hozzá az indítót, a tejet, az olajat, a cukrot és a tojásokat; jól összekeverni.
A lisztet és a szódabikarbónát habosra keverjük, és az előételhez keverjük. Ha szükséges, adjunk hozzá még egy kis tejet vagy lisztet, hogy megfelelő állagot kapjunk.
Kövesse a gofrisütőhöz mellékelt utasításokat, öntse a tésztát a gofrisütőbe, és főzze meg. Azonnal tálaljuk, vajjal, sziruppal, lekvárral stb.
A mennyiségek a használt gofrisütő méretétől függően változnak, de tételenként 5 gofrit kapok

74. Rozs palacsinta

480 g. aktív indító
1 tojás, felvert
120 g. tej
30 g. vaj, megolvasztjuk és kissé lehűtjük
25 g. kristálycukor
6 g. só
115 g. rozsliszt
Igény szerint fehérítetlen univerzális liszt
½ tk. szódabikarbóna 1 T. vízben feloldva

Egy közepes keverőtálban keverje össze az előételt, a tojást, a tejet, a vajat, a cukrot és a sót, amíg jól össze nem áll. Adjuk hozzá a rozslisztet és keverjük újra; adjon hozzá annyi univerzális lisztet, hogy elérje a kívánt palacsintatészta állagot. Alaposan keverjük össze, hogy a tésztában ne legyenek csomók. Közvetlenül a főzés megkezdése előtt öntse bele a feloldott szódabikarbónát, és keverje újra alaposan.

Palacsintánként öntsön ¼ csésze tésztát egy felhevített és kiolajozott serpenyőbe vagy serpenyőbe, és főzze körülbelül 3 percig; fordítsd meg a palacsintákat, és süsd készre a második oldalát (kb. 2 perc).

Vajjal, sziruppal, lekvárral vagy édesített almaszósszal tálaljuk.
10-12 palacsintát készít

75. Kolbász és kovászos kenyér réteg

4 csésze kovászos kenyér, kockára vágva
1 font reggeli kolbász vagy olasz kolbász főzve és morzsolva
2 csésze éles cheddar sajt, felaprítva (ha veszel egy tömb sajtot és magad aprítod fel, olvadóbb lesz a sajt)
12 tojás
2¼ csésze tej
2 tk. száraz őrölt mustár
1 tk. só
½ teáskanál. őrölt bors

Előző este rakd össze a rétegeket, hogy reggel megsüthesd. Ez a recept kovászos kenyeret használ, és kiválóan alkalmas a maradék kenyér felhasználására.

Az éjszaka előtt:
Egy 9 × 13 hüvelykes sütőedényt kivajazunk vagy kivajazunk. A kenyérkockákat és a főtt kolbászt összekeverjük, és egyenletesen elosztjuk a serpenyő alján. Ezután szórjuk meg egyenletesen a reszelt sajtot a kolbász és a kenyér tetejére.

Egy közepes keverőtálban keverje össze a tojást, a tejet, a száraz mustárt, a sót és a borsot, amíg alaposan össze nem keveredik. Öntsük a tojásos keveréket a kenyérkockákra, a kolbászra és a sajtra. Fedjük le a sütőedényt alufóliával, a széleit préseljük össze, hogy jól illeszkedjen. Egy éjszakára hűtőbe tesszük.

A következő nap:
Vegye ki a rétegeket a hűtőből, hagyja letakarva, és tegye a pultra, hogy egy kicsit felmelegedjen (kb. 30 perc).

Melegítsük elő a sütőt 350°-ra. Süssük a rétegeket 30 percig, még mindig alufóliával letakarva; vegyük le a fóliát, és süssük tovább 25-30 percig, vagy amíg a rétegek felduzzadnak és a közepe megszilárdul. Négyzetekre vágjuk és tálaljuk.

8-12 négyzetet alkot

76. Kovászos kenyér francia pirítós

Ez a recept kiválóan alkalmas a megmaradt kovászos kenyér elhasználására.

4 tojás
½ csésze tej
Só és bors ízlés szerint
8 vastag szelet kovászos kenyér
Vaj főzéshez

Egy lapos aljú edényben, például egy üveg pitelapban vagy sütőedényben keverje össze a tojást, a tejet, valamint a sót és a borsot, amíg jól el nem keveredik. (A hozzávalókat turmixgéppel is összekeverhetjük.) Adjuk hozzá a kovászos kenyérszeleteket, és hagyjuk, hogy felszívja a tojásos keveréket.

Egy serpenyőben vagy serpenyőben közepes lángon olvasszuk fel a vajat; adjuk hozzá a beáztatott kenyérszeleteket, és főzzük néhány percig, vagy amíg az alja aranybarna nem lesz; fordítsd meg a francia pirítóst, és süsd a második oldalát készre és aranybarnára. Ügyeljen a hőmérsékletre, hogy a francia pirítós ne égjen meg, vagy ne legyen túl sötét, mielőtt elkészíti.

Simán vagy vajjal, porcukorral vagy juharsziruppal tálaljuk.

8 szeletet készít

77. Varangy a lyukban

Kenhető vaj, szobahőmérsékletű
6 szelet vastagra szeletelt kovászos kenyér, középen kivágott vagy lyukas, kb 4 hüvelyk átmérőjű (vagy használjunk kekszvágót)
6 tojás
Só és bors ízlés szerint
Kenjük meg vajjal a kenyérszeletek mindkét oldalát.
Helyezze a kenyeret egy előmelegített serpenyőbe. Közepes-alacsony lángon addig sütjük, amíg az alsó része aranybarna és megpirul. Fordítsd meg a kenyeret, és üss egy tojást minden kenyérdarab lyukába. Kívánság szerint megszórjuk sóval és borssal (vagy tálaláskor sózzuk és borsozzuk). Fedjük le a serpenyőt, és addig főzzük, amíg a tojásfehérje megpuhul. Ha szükséges, gyorsan átfordíthatja a pirítós darabokat az első oldalukra, hogy a tojások kicsit szilárdabbak legyenek.
6-ot szolgál ki

78. Teljes kiőrlésű palacsinta

2½ csésze teljes kiőrlésű búzaliszt (a teljes kiőrlésű tésztalisztből valamivel könnyebb és puhább palacsinta lesz, de nem szükséges)
2 csésze tej
1 csésze előétel
2 T. olaj
2 tojás
¼ csésze cukor
2 tk. szódabikarbóna
1 tk. só

Egy nagy keverőtálban keverje össze a lisztet, a tejet, az indítót és az olajat, amíg el nem keveredik, de nem simára. Hagyja állni szobahőmérsékleten 30 percig.

Adjuk hozzá a tojást, a cukrot, a szódabikarbónát és a sót, majd keverjük újra. Ha marad néhány csomó, az rendben van.

Palacsintánként öntsön ¼ csésze tésztát egy felhevített és kiolajozott serpenyőbe vagy serpenyőbe, és főzze körülbelül 3 percig; fordítsd meg a palacsintákat, és süsd készre a második oldalát (kb. 2 perc).

A palacsinták száma az egyes palacsinták méretétől függően változik

ROZSKOVASZT

79. Rozskenyér

Hozzávalók

- ¾ csésze (200 ml) víz, szobahőmérséklet
- 2 csésze (200 g) finomra őrölt rozsliszt
- ½ csésze (100 g) reszelt alma, meghámozva

Útvonalak

a) A hozzávalókat összekeverjük, és jól záródó fedővel ellátott üvegedényben 2-4 napig állni hagyjuk. Reggel és este keverjük össze.

b) Az önindító készen áll, amikor a keverék elkezd buborékolni. Innentől kezdve már csak „megetetni" kell a tésztát, hogy megőrizze ízét és kelesztőképességét. Ha a kovászot a hűtőszekrényben hagyja, hetente egyszer etesse meg ½ csésze (100 ml) vízzel és 1 csésze (100 g) rozsliszttel. Ha a kovászt szobahőmérsékleten tartjuk, akkor minden nap ugyanilyen módon etessük. Az állagának vastag zabkására kell hasonlítania.

c) Ha maradt kovász, lefagyaszthatja fél csészét befogadó edényekben, vagy hagyhatja egy részét megszáradni.

80. <u>Levain</u>

2 cipót készít
Hozzávalók
1. nap
- 3½ oz. (100 g) búzakovászos előétel
- 1 csésze (200 ml) szobahőmérsékletű víz
- 1¼ csésze (150 g) búzaliszt
- ½ csésze (50 g) keveretlen rozsliszt (azaz búza nélküli liszt) Az összes hozzávalót jól keverje össze.

2. nap
- 2 csésze (450 ml) szobahőmérsékletű víz
- 6 csésze (750 g) búzaliszt 4 teáskanál (20 g) tengeri só

Útvonalak

a) Tegye a tésztát egy tálba, és fedje le egy fóliával. Egy éjszakára hűtőben tároljuk.

b) Adjunk hozzá vizet és lisztet a tésztához. Jól összegyúrjuk. Adjuk hozzá a sót. A tésztát további 2 percig gyúrjuk.

c) 1 órát kelesztjük, majd óvatosan két cipót formázunk belőle.

d) A kenyereket ruha alatt 45 percig kelesztjük.

e) A sütő kezdeti hőmérséklete: 525 °F (280 °C)

f) A cipókat betesszük a sütőbe. Öntsön egy csésze vizet a sütő aljára. Csökkentse a hőmérsékletet 230 °C-ra, és süsse 30 percig.

g) A tésztát óvatosan lisztezett felületre öntjük. Oszd két részre.

h) Óvatosan hajtsa össze a tésztát.

i) A tésztából óvatosan két hosszúkás cipót formázunk.

81. Rozs Ciabatta

Körülbelül 10 vekni készül belőle
Hozzávalók
- 7 oz. (200 g) búzakovászos előétel
- ½ csésze (50 g) finom rozsliszt
- 4 csésze (500 g) búzaliszt
- kb. 1⅔ csésze (400 ml) szobahőmérsékletű víz
- ½ evőkanál (10 g) só
- olívaolajat a tálba

Útvonalak

a) A só kivételével az összes hozzávalót összekeverjük és jól összegyúrjuk. Adjuk hozzá a sót.
b) Helyezze a tésztát egy kivajazott keverőtálba. Fedjük le műanyag fóliával, és hagyjuk a tésztát egy éjszakán át a hűtőben állni.
c) Másnap óvatosan öntsük a tésztát egy sütőasztalra.
d) Hajtsa össze a tésztát, és hagyja állni a hűtőszekrényben körülbelül 5 órán keresztül, és a tésztát óránként egyszer hajtsa meg.
e) Öntsük a tésztát az asztalra. Vágja fel nagyjából 10 × 15 cm-es darabokra, és helyezze őket zsírozott tepsire. Hagyjuk még 10 órát a hűtőben kelni. Emiatt körülbelül 2 napot vesz igénybe ennek a kenyérnek az elkészítése.
f) A sütő kezdeti hőmérséklete: 475 °F (250 °C)
g) Helyezze a kenyereket a sütőbe. Öntsön egy csésze vizet a sütő aljára. Csökkentse a hőmérsékletet 210 °C-ra, és süsse körülbelül 15 percig.
h) A tésztát összehajtogatjuk, és körülbelül 5 órára hűtőbe tesszük. Ebben az időszakban óránként ismételje meg a hajtogatást.
i) A tésztát lisztezett felületre tesszük és kinyújtjuk.
j) Vágja a tésztát körülbelül 2 × 6 hüvelyk (10 × 15 cm) méretű darabokra.

82. Francia parasztkenyér

Készíts 1 cipót
Hozzávalók
- 2 csésze (500 ml) szobahőmérsékletű víz
- 5 csésze (600 g) búzaliszt
- 2 csésze (200 g) tönkölyliszt, szitálva
- 4½ oz. (125 g) búza kovászos előétel
- 4½ oz. (125 g) rozskovászos előétel
- 1½ evőkanál (25 g) sós olívaolaj a tálba

Útvonalak

a) Az összes hozzávalót a só kivételével addig keverjük, amíg a tészta sima nem lesz.

b) Amikor a tészta jól összegyúrt, hozzáadjuk a sót. A dagasztást még néhány percig folytatjuk. A tésztát olajjal kikent keverőedénybe tesszük, és egy ronggyal letakarjuk.

c) A tésztát körülbelül 2 órán keresztül kelesztjük.

d) A tésztát lisztezett asztalra öntjük, és hosszú cipót formázunk belőle. Kb. 40 percig hagyjuk kelni.

e) A sütő kezdeti hőmérséklete: 525 °F (270 °C)

f) Helyezze a kenyeret a sütőbe, és öntsön egy csésze vizet a sütő aljára. Csökkentse a hőmérsékletet 450°F-ra (230°C).

g) Kb. 30 percig sütjük.

83. Mogyorós kenyér

2 cipót készít
Hozzávalók
- 2 csésze (500 ml) szobahőmérsékletű víz
- 16 oz. (450 g) rozskovászos előétel
- 3¾ csésze (450 g) búzaliszt
- 2¼ csésze (225 g) tönkölyliszt, szitálva
- 2¼ csésze (225 g) finom rozsliszt
- 1½ evőkanál (25 g) só
- 2½ csésze (350 g) egész mogyoró
- olívaolajat a tálba

Útvonalak

a) Keverjük össze az összes hozzávalót a só és a dió kivételével. A tésztát jól összegyúrjuk.

b) Adjuk hozzá a sót és a diót, és gyúrjuk a tésztába.

c) Helyezze a tésztát egy olajjal bevont műanyag keverőtálba, és hagyja kelni körülbelül 3 órán keresztül.

d) A tésztát szétválasztjuk, 2 cipót formázunk, majd kivajazott tepsire tesszük. Hagyjuk kelni még vagy egy órát.

e) A sütő kezdeti hőmérséklete: 525 °F (270 °C)

f) Helyezze a cipókat a sütőbe, és csökkentse a hőmérsékletet 230 °C-ra.

g) 30-40 percig sütjük a cipókat.

84. Orosz édes kenyér

1 vekni készül
Hozzávalók
- 26½ oz. (750 g) rozskovászos előétel
- 1¼ csésze (300 ml) szobahőmérsékletű víz
- 3½ teáskanál (20 g) só
- 1 evőkanál (10 g) kömény
- 2½ csésze (300 g) búzaliszt
- 3 csésze (300 g) tönkölyliszt, szitálva

Útvonalak

a) A hozzávalókat összekeverjük és addig gyúrjuk, amíg sima nem lesz a tészta. Ruha alatt hagyjuk kelni 1 órát.

b) A tésztából nagy, kerek cipót formázunk. Kivajazott tepsire tesszük, és ronggyal letakarjuk.

c) Hagyja kelni a tésztát 1-2 órát.

d) A sütőbe helyezés előtt a tésztát megszórjuk liszttel. Süssük a sütőben 400°F-on (210°C) körülbelül 40-50 percig.

85. Dán rozskenyér

3 cipót készít
Hozzávalók
1. nap
- 2 csésze (500 ml) szobahőmérsékletű víz
- 3 csésze (300 g) teljes kiőrlésű rozsliszt
- 1 uncia. (25 g) rozskovászos előétel

2. nap
- 4 csésze (1 liter) szobahőmérsékletű víz
- 8 csésze (800 g) teljes kiőrlésű rozsliszt
- 2 csésze (250 g) teljes kiőrlésű liszt
- 2 evőkanál (35 g) só
- 4½ oz. (125 g) napraforgómag
- 4½ oz. (125 g) tökmag
- 2½ oz. (75 g) egész lenmag

Útvonalak

a) A hozzávalókat jól összekeverjük és egy éjszakán át szobahőmérsékleten állni hagyjuk.

b) Az előző nap elkészített tésztát összedolgozzuk az új hozzávalókkal. Körülbelül 10 percig alaposan keverjük össze.

c) Osszuk el a tésztát három 8 × 4 × 3 hüvelykes (1½ literes) cipóformába. A serpenyőket csak az út kétharmadáig szabad megtölteni. Meleg helyen 3-4 órát kelesztjük.

d) A sütő kezdeti hőmérséklete: 475 °F (250 °C)

e) Helyezze az edényeket a sütőbe, és csökkentse a hőmérsékletet 350 °F-ra (180 °C). Öntsön egy csésze vizet a sütő aljára. 40-50 percig sütjük a cipókat.

f) 2. nap: Keverjük össze a többi hozzávalót az előételhez.

g) Jól keverjük össze a tésztát körülbelül 10 percig.

h) Helyezze a tésztát egy 8 × 4 × 3 hüvelykes cipóformába (1 1/2 liter). Az edényt legfeljebb kétharmadáig töltse fel a tetejéig. Addig kelesztjük, amíg a tészta el nem éri a tepsi szélét.

86. Diós kenyér

1 vekni készül

Hozzávalók

- 2 csésze (500 ml) szobahőmérsékletű víz
- 14 oz. (400 g) rozskovászos előétel
- 4 csésze (400 g) keveretlen rozsliszt (azaz búzaliszt nélkül)
- 4 csésze (500 g) búzaliszt
- 14 oz. (400 g) egész dió
- 3½ teáskanál (20 g) só
- olívaolajat a tálba

Útvonalak

a) A dió és a só kivételével az összes hozzávalót összekeverjük. Addig gyúrjuk, amíg a tészta sima nem lesz.

b) Ha a tészta jól összegyúrt, hozzáadjuk a sót és a diót. A dagasztást még néhány percig folytatjuk.

c) Ezután tegyük a tésztát egy olajozott keverőtálba, és takarjuk le ruhával.

d) A tésztát körülbelül 2 órán keresztül kelesztjük.

e) A tésztát lisztezett felületre tesszük, és kerek cipót formázunk belőle. Kikent tepsiben kelesztjük kb 30 percig.

f) A sütő kezdeti hőmérséklete: 475 °F (250 °C)

g) Helyezze a kenyeret a sütőbe, és öntsön egy csésze vizet a sütő aljára. Csökkentse a hőmérsékletet 450°F-ra (230°C).

h) Süssük a kenyeret körülbelül 30 percig.

i) Ha a tészta jól összegyúrt, hozzáadjuk a sót és a diót. Ismét dagasztjuk néhány percig.

j) Miután a tészta megkelt, két részre vágjuk.

k) A tepsiben kissé elsimítjuk a darabokat.

87. Tönkölykenyér naranccsal

1 vekni készül
Hozzávalók
1. lépés
- ½ normál méretű narancs

2. lépés
- narancshéj darabok
- 7 oz. (200 g) rozskovászos előétel
- 1 csésze (200 ml) szobahőmérsékletű víz
- ½ evőkanál (10 g) só 1 teáskanál (5 g) édeskömény
- körülbelül 6-7 csésze (600-700 g) tönkölyliszt, átszitálva

Útvonalak

a) Hámozzuk meg a narancsot. Pár percig pároljuk a héját vízben. Vegyük ki a vízből, és hagyjuk kissé kihűlni.

b) Egy kanál segítségével kaparjuk le a héj belső oldalán lévő fehér részt. A héját apróra vágjuk.

c) Keverjük össze az összes hozzávalót, de lassan adjuk hozzá az utolsó néhány csésze lisztet. A tönkölyliszt nem szívja fel ugyanúgy a folyadékot, mint a hagyományos búzaliszt. Jól összegyúrjuk.

d) Kb. 30 percig hagyjuk kelni a tésztát.

e) A tésztából kerek cipót formálunk, és kivajazott tepsire tesszük. Addig kelesztjük a tésztát, amíg a duplájára nem nő; ez akár néhány órát is igénybe vehet.

f) Süssük 200 °C-on körülbelül 25 percig.

g) A sütőből kivéve a kenyeret megkenjük vízzel.

88. Ánizs kenyér

1 vekni készül

Hozzávalók
- 3 csésze (300 g) finomra őrölt rozsliszt
- 2½ csésze (250 g) tönkölyliszt, szitálva
- 10½ oz. (300 g) rozskovászos előétel
- ½ evőkanál (10 g) só
- 4 teáskanál (20 g) nyerscukor
- 1¼ csésze (300 ml) alacsony alkoholtartalmú sör szobahőmérsékleten
- ½ oz. (15 g) zúzott ánizs
- 1¾ oz. (50 g) lenmag

Útvonalak

a) Keverje össze az összes hozzávalót. A tészta elég ragacsos lesz. Hagyja állni szobahőmérsékleten körülbelül 1 órát.

b) Enyhén lisztezzük meg a kezünket, és óvatosan gyúrjuk a tésztát. A tésztából nagy, kerek zsemlét formázunk, és kivajazott tepsire tesszük.

c) Addig kelesztjük a kenyeret, amíg a duplájára nem nő. Ez eltarthat néhány óráig.

d) A sütő kezdeti hőmérséklete: 450°F (230°C)

e) Helyezze a kenyeret a sütőbe, és öntsön egy csésze vizet az aljára. Csökkentse a hőmérsékletet 180 °C-ra, és süsse 45-55 percig.

89. Napraforgós kenyér

Körülbelül 15-20 tekercset készít
Hozzávalók
- 1¾ teáskanál (5 g) friss élesztő
- 1¼ csésze (300 ml) szobahőmérsékletű víz
- 3 csésze (300 g) finomra őrölt rozsliszt
- 2½ csésze (300 g) búzaliszt
- 7 oz. (200 g) rozskovászos előétel
- 1 evőkanál (15 g) só
- 3 evőkanál (50 g) méz
- ⅔ csésze (150 ml) napraforgómag
- 1 evőkanál (10 g) kömény

Útvonalak

a) Az élesztőt egy kevés vízben felfuttatjuk. Adjunk hozzá minden hozzávalót, és jól keverjük össze.

b) Meleg helyen kelesztjük a tésztát, amíg duplájára nem nő. Ez 1-2 órát vesz igénybe.

c) A tésztából tizenöt-húsz kis hengert formázunk. Kivajazott tepsire tesszük őket, és meleg helyen kelesztjük, amíg duplájára nem nő.

d) Süssük 180 °C-on körülbelül 10 percig.

e) A megkelt tésztát összegyúrjuk, és hosszú hengerré formázzuk.

f) A tésztát tizenöt-húsz részre vágjuk.

g) Formázzunk kerek cipókat, és tegyük egy tepsire, hogy a duplájára keljen.

90. Sör kenyér

2 cipót készít

Hozzávalók
- körülbelül 1¼ csésze (300 ml) sör, szobahőmérsékleten
- 7 teáskanál (20 g) friss élesztő
- 1 evőkanál (15 g) só
- 16 oz. (450 g) rozskovászos előétel
- 5½ csésze (700 g) teljes kiőrlésű liszt

Útvonalak

a) Keverjük össze az összes hozzávalót, kivéve a lisztet. Apránként hozzáadjuk a lisztet, és jól elkeverjük. Ne adjon hozzá egyszerre minden lisztet; Mielőtt további lisztet adna hozzá, tesztelje a tésztát, hogy megbizonyosodjon arról, hogy rugalmas-e.

b) Jól összegyúrjuk.

c) A tésztát kb 15 percig pihentetjük. Jól összegyúrjuk.

d) A tésztából két cipót formázunk, és kivajazott tepsiben kelesztjük, amíg nagyjából a duplájára nő. Egy kevés lisztet szórunk a kenyérre.

e) A sütő kezdeti hőmérséklete: 475 °F (250 °C)

f) Helyezze a cipókat a sütőbe, és öntsön egy csésze vizet az aljára. Csökkentse a hőmérsékletet 200 °C-ra.

g) Süssük a kenyeret körülbelül 45 percig.

91. Ropogós rozskenyér

Körülbelül 20 kekszet készít
Hozzávalók
- 17½ oz. (500 g) teljes kiőrlésű rozslisztből készült rozskovászos előétel
- 17½ oz. (500 g) búzakovászos előétel
- 5 csésze (500 g) finom rozsliszt
- ½ evőkanál (10 g) só

Útvonalak
a) A hozzávalókat jól összekeverjük és kb 2 órát kelesztjük a tésztát.
b) A tésztát a lehető legvékonyabbra nyújtjuk. Kekszre vágjuk, és kivajazott tepsire tesszük. Villával megszurkáljuk, hogy ne bugyogjon a kenyér.
c) Hagyja kelni a kekszet 2-3 órán keresztül.
d) Süssük 210 °C-on körülbelül 10 percig.

92. Ízletes ropogós kenyér

15 kekszet készít
Hozzávalók
- ½ oz. (10 g) friss élesztő
- 1⅔ csésze (400 ml) hideg víz
- 3½ oz. (100 g) rozskovászos előétel
- 3½ oz. (100 g) búzakovászos előétel
- 3 csésze (300 g) teljes rozsliszt
- 4¼ csésze (550 g) búzaliszt
- 1 evőkanál (15 g) só
- ½ oz. (15 g) ánizs tengeri só a feltéthez

Útvonalak

a) Az élesztőt felfuttatjuk a vízben, és a kovászhoz keverjük. Hozzáadjuk a lisztet és alaposan összegyúrjuk. A tésztát kb 15 percig pihentetjük.

b) Adjunk hozzá sót és ánizst, és még egyszer gyúrjuk át a tésztát. Helyezze egy műanyag fóliával lefedett tálba. Egy éjszakán át a hűtőben kelesztjük.

c) Másnap a tésztát tizenöt részre vágjuk. Minden tésztadarabot kinyújtunk, amíg vékony keksz nem lesz belőle. Hogy a tészta ne ragadjon, enyhén lisztezzük meg a sodrófát. Időnként fordítsa meg a kekszet, hogy megbizonyosodjon arról, hogy megfelelően oszlatja ki a tésztát.

d) Sütőpapírral bélelt tepsire tesszük a kekszet. Szurkáljuk meg őket villával. Ízlés szerint megszórjuk egy kis tengeri sóval.

e) Süssük a kekszet körülbelül 400 °F-on (210 °C-on) 15 percig. A kekszet hűtőrácson hagyjuk megszáradni.

f) A tésztából hengereket formázunk, és tizenöt részre vágjuk.

g) Minden tésztadarabot vékony ostyává sodorjunk. A tésztát vékonyan bekenjük liszttel, hogy ne ragadjon a sodrófához.

h) Villával szurkáljuk meg a kekszet. Megszórjuk tengeri sóval, és sütőpapírral bélelt lapra tesszük.

93. Vékony kekszet

6-8 nagy kekszet készít
Hozzávalók
- ¾ csésze (200 ml) magas zsírtartalmú joghurt
- 7 oz. (200 g) rozskovászos előétel
- 2 teáskanál (15 g) méz
- ½ evőkanál (10 g) só
- 4 csésze (500 g) búzaliszt

Útvonalak

a) Az összes hozzávalót összekeverjük, és alaposan összegyúrjuk a tésztát.

b) Vágja a tésztát hat-nyolc kerek darabra. A darabokat vékony ostyákká sodorjuk. A felületet és a tésztát enyhén lisztezzük meg, nehogy a tészta leragadjon. Kivajazott tepsire tesszük a kekszet, és villával megszurkáljuk.

c) Süssük a kekszet 220 °C-on körülbelül 10 percig. Hűtőrácson hagyjuk megszáradni.

d) A tésztát hosszú hengerré nyújtjuk, és hat-nyolc részre vágjuk.

e) A tésztát a lehető legvékonyabbra nyújtjuk.

f) Szurkáld meg villával.

94. Burgonya kenyér

1 vekni készül

Hozzávalók

1. lépés (tészta előtt)
- 1 adag burgonyás kovászos előétel
- 2 csésze (250 g) búzaliszt
- 1¾ oz. (50 g) csipkebogyó héja

2. lépés
- ¾ csésze (200 ml) víz, szobahőmérséklet
- ½ evőkanál (10 g) só
- ½ csésze (50 g) finomra őrölt rozsliszt
- 2 csésze (200 g) tönkölyliszt, szitálva

Útvonalak

a) A kovászt és a lisztet összekeverjük, és körülbelül 8 órát a hűtőben pihentetjük.

b) A csipkebogyó héját külön tálba áztatjuk.

c) Az előtésztát kivesszük a hűtőből. Hozzáadjuk a fent felsorolt hozzávalókat, valamint a lecsepegtetett csipkebogyó héját.

d) A tésztát jól összegyúrjuk és cipót formázunk belőle. Kiolajozott tepsire tesszük, és egy ruha alatt hagyjuk kelni, amíg a duplájára nem nő. Ez eltarthat néhány óráig.

e) Süssük a kenyeret 200 °C-on körülbelül 25 percig.

TÖMÖLCS kovász

95. Tönköly kovász

2 cipót készít

Hozzávalók
- 35 oz. (1 kg) tönköly kovászos előétel
- 1 evőkanál (15 g) só
- 3 evőkanál (25 g) friss élesztő
- 2½ evőkanál (35 ml) melaszszirup (helyettesíthető sötét sziruppal)
- ½ csésze (100 ml) szobahőmérsékletű víz
- 6 csésze (625 g) finom rozsliszt
- 1¾ csésze (225 g) búzaliszt

Útvonalak
a) A hozzávalókat jól összekeverjük és kb 30 percig kelesztjük.
b) Finoman formáljunk két hosszúkás cipót, és szórjuk meg liszttel. Addig kelesztjük a kenyeret, amíg a cipók a duplájára nem nőnek (ha lehet, kosárban kelesztjük).
c) A sütő kezdeti hőmérséklete: 475 °F (250 °C)
d) Helyezzük a cipókat a sütőbe, és öntsünk egy csésze vizet a sütő aljára. Csökkentse a hőmérsékletet 375°F-ra (195°C).
e) Kb. 30 percig sütjük.

96. Tönköly- és rozskovászos kenyér

Hozzávalók:
300 g tönkölyliszt
100 g rozsliszt
100 g kenyérliszt
350 g víz
100 g kovászos előétel
10 g só

Útvonal:
Egy nagy keverőtálban keverjük össze a tönkölylisztet, a rozslisztet, a kenyérlisztet és a vizet. Addig keverjük, amíg sima tésztát nem kapunk.
Adjuk hozzá a kovászos indítót és a sót a tálba. Az egészet addig keverjük, amíg egynemű tésztát nem kapunk.
A tésztát lisztezett felületre borítjuk, és körülbelül 10 percig dagasztjuk. Sima, rugalmas tésztát kell kapnia.
Helyezze a tésztát egy kivajazott tálba, és fedje le műanyag fóliával vagy konyharuhával. Hagyjuk szobahőmérsékleten kelni körülbelül 6-8 órát, vagy amíg a duplájára nem nő.
Melegítse elő a sütőt 230°C-ra (450°F). Ha holland sütőd van, akkor azt is tedd a sütőbe előmelegíteni.
Ha a tészta megkelt, lisztezett felületre borítjuk, és kerek vagy ovális cipót formázunk belőle.
Helyezze a cipót az előmelegített holland sütőbe vagy egy sütőpapírral bélelt tepsire. Éles késsel vagy borotvapengével vágja be a cipó tetejét.
Süssük 30-35 percig, vagy amíg a héja aranybarna nem lesz, és a kenyér belső hőmérséklete eléri a 93-99 °C-ot.
Vegyük ki a kenyeret a sütőből, és szeletelés előtt hagyjuk rácson legalább 30 percig hűlni.

97. Tönköly kovászos bagel

Hozzávalók:
500 g tönkölyliszt
350 g víz
100 g kovászos előétel
10 g só
1 evőkanál méz
1 tojás, felvert
Mák

Útvonal:
Egy nagy keverőtálban keverjük össze a tönkölylisztet és a vizet. Addig keverjük, amíg sima tésztát nem kapunk.
Adjuk hozzá a kovászos indítót, a sót és a mézet. Az egészet addig keverjük, amíg egynemű tésztát nem kapunk.
A tésztát lisztezett felületre borítjuk, és körülbelül 10 percig dagasztjuk. Sima, rugalmas tésztát kell kapnia.
Helyezze a tésztát egy kivajazott tálba, és fedje le műanyag fóliával vagy konyharuhával. Hagyjuk szobahőmérsékleten kelni körülbelül 6-8 órát, vagy amíg a duplájára nem nő.
Melegítse elő a sütőt 230°C-ra (450°F).
Ha megkelt a tészta, lisztezett felületre borítjuk, és 8-10 egyenlő részre osztjuk.
Minden egyes darabot gömbölyítsünk, majd hüvelykujjunkkal szúrjunk ki egy lyukat a közepén. Nyújtsa ki a lyukat, amíg az átmérője körülbelül 1-2 hüvelyk nem lesz.
A bageleket sütőpapírral bélelt tepsire helyezzük. A bagelek tetejét megkenjük felvert tojással, és megszórjuk mákkal.
Süssük 20-25 percig, vagy amíg a bagelek aranybarnák és átsülnek.
Vegyük ki a bageleket a sütőből, és hagyjuk rácson legalább 30 percig hűlni, mielőtt felszeleteljük és tálaljuk.

98. Burgonya kovász

Hozzávalók
- 2 közepes méretű burgonya, meghámozva
- 1 teáskanál méz
- 1 evőkanál tönkölyliszt, szitálva

Útvonalak

a) Keverje össze a burgonyát, amíg héjához nem hasonlít. Hozzákeverjük a mézet és a tönkölylisztet.

b) Tárolja a keveréket egy jól záródó fedéllel ellátott edényben. Reggel és este keverjük össze.

c) Ennek a kovásznak az elkészítése általában kicsit tovább tart, mint másoké, de mindenképpen megéri rászánni a plusz időt. 5-7 napig tart, mire elkészül.

d) Az önindító készen áll, amikor a keverék elkezd buborékolni. Innentől kezdve már csak „megetetni" kell a tésztát, hogy megőrizze ízét és kelesztőképességét.

99. Lencse Kovász

Hozzávalók

1. nap
- ½ csésze (100 ml) szárított zöld lencse
- ½ csésze (100 ml) szobahőmérsékletű víz
- 1 evőkanál tönkölyliszt, szitálva

2. nap
- ½ csésze (100 ml) szobahőmérsékletű víz

Útvonalak

a) Botmixerrel addig keverjük a lencsét, amíg nem kezd lisztre hasonlítani. Adjunk hozzá vizet és tönkölylisztet.

b) Öntse a keveréket egy jól záródó fedéllel ellátott üvegbe.

c) Adjuk hozzá a vizet. Jól keverjük össze, és hagyjuk állni az üvegedényben 2-4 napig. Reggel és este keverjük össze. Az önindító készen áll, amikor a keverék elkezd buborékolni. Innentől kezdve már csak „megetetni" kell a tésztát, hogy megőrizze ízét és kelesztőképességét.

d) Egy üvegedény alját fedjük be bio mazsolával. Adjunk hozzá langyos vizet, hogy az üveg közel kétharmada megteljen. Rögzítse szorosan záródó fedéllel.

e) Hagyja az edényt szobahőmérsékleten körülbelül 6-7 napig, amíg észrevehető élesztőbuborékok nem jelennek meg. A kezdeti folyamat a helyiség hőmérsékletétől függően változhat.

f) Keverjük össze a keveréket. Tedd légmentesen záródó üvegbe, és hagyd állni 3 napig szobahőmérsékleten.

g) A kovászot meg is száríthatja. Egy tepsire tegyünk egy sütőpapírt. Fedjük be vékonyan (1-2 mm-es) kovászos indítóval. Helyezze be a sütőbe, és kapcsolja be a sütővilágítást. Hagyja a sütőben, amíg a kovász teljesen meg nem szárad (ez tizenkét és húsz óra között tart). Ezután morzsoljuk össze a száraz tésztát, tegyük egy üvegbe, és fedjük le. Tárolja az edényt szobahőmérsékleten, száraz helyen.

h) Ha készen áll a sütésre, keverjen össze néhány evőkanál száraz tésztát 1 csésze (200 ml) vízzel és 1½ csésze (200 g) liszttel. Másnap lesz egy „aktivált kovászos előétel".

100. Olíva kenyér

2 cipót készít
Hozzávalók
- 10½ oz. (300 g) tönköly kovászos előétel
- 6 csésze (600 g) tönkölyliszt, szitálva
- 1¼ csésze (300 ml) szobahőmérsékletű víz
- 1 evőkanál méz
- 1 evőkanál só
- ⅔ csésze (150 g) kimagozott olajbogyó, lehetőleg zöld és fekete keveréke

Útvonalak

a) Keverjük össze az összes hozzávalót, kivéve az olajbogyót. Alaposan összegyúrjuk. A tésztának elég "gyengének" kell lennie. Lapítsd el a tésztát 12 hüvelyk (30 cm) átmérőjű „tortává". Vágja fel az olajbogyó felét. Adjuk hozzá az apróra vágott olajbogyót, és keverjük hozzá az egész olajbogyót. A tésztát feltekerjük, és 2-3 órát kelesztjük. A tésztát 2 részre vágjuk és cipókat formázunk. Hagyjuk még 20 percig kelni a cipókat.

b) A sütő kezdeti hőmérséklete: 475 °F (250 °C)

c) Helyezze a kenyeret a sütőbe, és csökkentse a hőmérsékletet 200 °C-ra. Körülbelül 30-40 percig sütjük.

d) Hajtsa rá a tésztát az olajbogyóra.

e) Miután a tészta 2-3 órán át kelt, vágja ketté.

f) A kenyeret úgy formázzuk meg, hogy az olíva keverék kijöjjön.

KÖVETKEZTETÉS

A tanyai kovászos receptek nagyszerű módja annak, hogy élvezze a kovászos kenyér finom ízét anélkül, hogy kereskedelmi élesztőre vagy adalékokra kellene hagyatkoznia. Természetes összetevők felhasználásával, és időt szánva a tészta erjedésére, olyan tápláló és ízes cipót készíthet, amely bármilyen étkezéshez tökéletes. Akár tapasztalt pék, akár csak most kezdi, ezeket a recepteket könnyű követni, és minden alkalommal nagyszerű eredményeket hoznak. Akkor miért nem próbálja ki, és tapasztalja meg a saját, finom kovászos kenyerek otthoni sütésének örömét?

www.ingramcontent.com/pod-product-compliance
Lightning Source LLC
LaVergne TN
LVHW021704060526
838200LV00050B/2501